# 渡来の民と日本文化

## 歴史の古層から現代を見る

沖浦和光　川上隆志

現代書館

# 渡来の民と日本文化＊目次

## Ⅰ　古代日本の「国家」と渡来人――沖浦和光　7

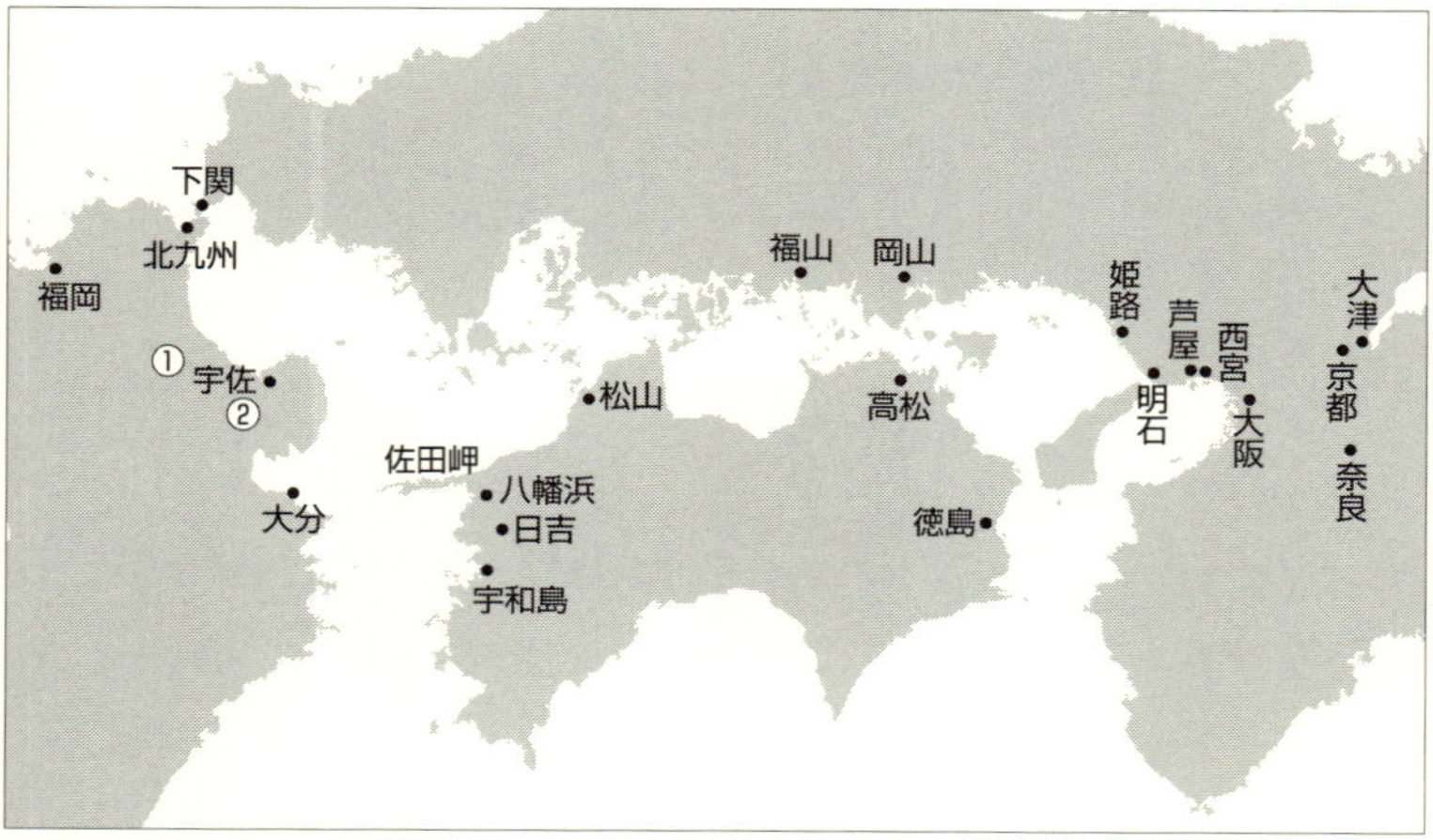


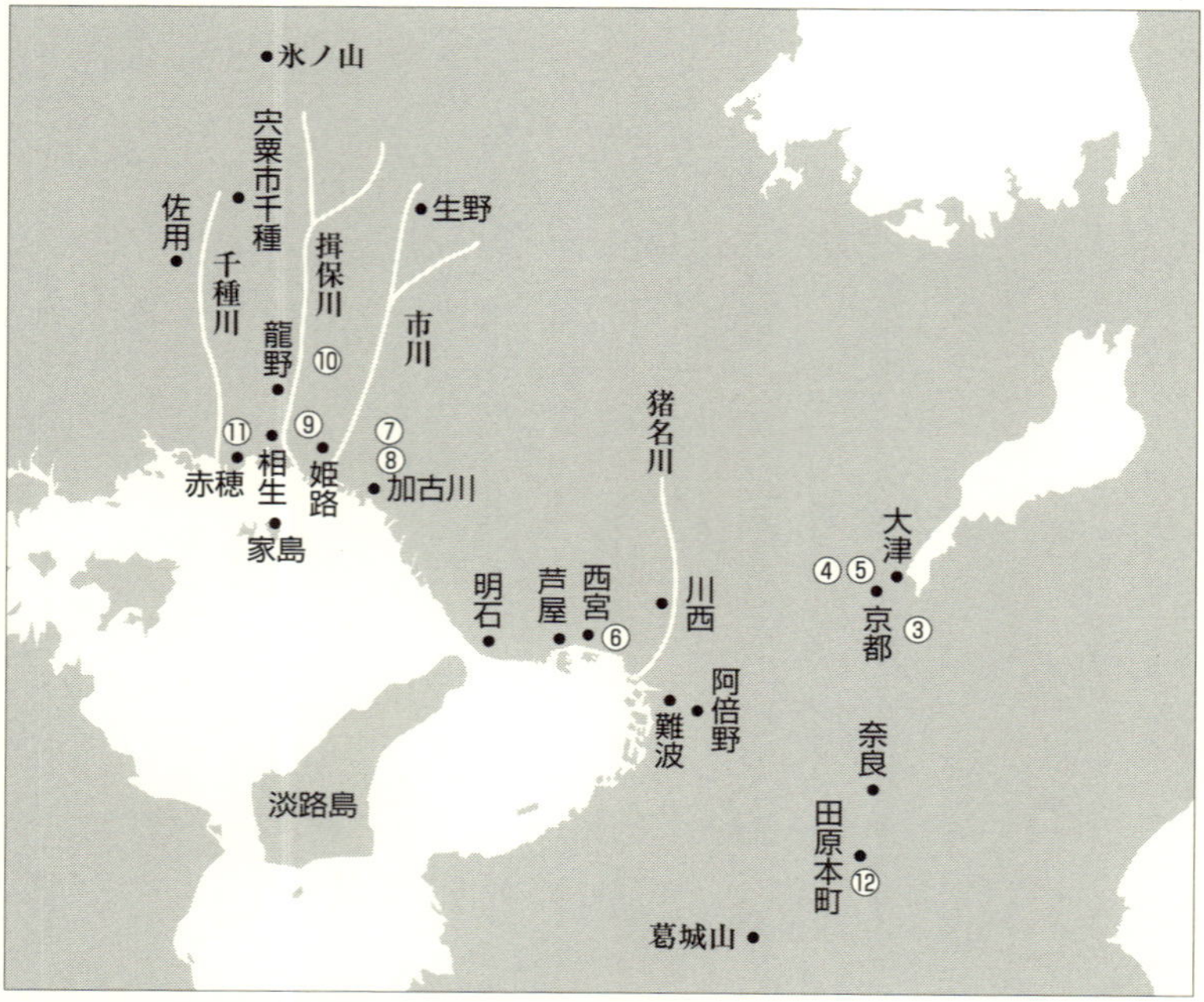


①香春神社　②宇佐八幡宮　③伏見稲荷　④広隆寺　⑤大酒神社　⑥えびす神社
⑦鶴林寺　⑧尾山神社　⑨斑鳩寺　⑩広峯神社　⑪大避神社　⑫糸井神社
(数字は本文での記述の順)

# Ⅰ　古代日本の「国家」と渡来人

沖浦和光

# 第一章　東アジア文化圏と日本

## 一　「東アジア共同体」論の台頭と日本

### 東アジア共同体の構想

「東アジア共同体」という言葉が、近頃のジャーナリズムで目に付きだした。七〇年代からの高度成長期には、話題にもならなかったテーマである。

そのような問題関心はどこから生まれてきたのか。一口で言えば、九〇年代中期からのアジア経済情勢の大きい変化である。二十一世紀に入ってからの中国とインド、そしてＡＳＥＡＮ諸国の経済成長はめざましい。その勢いは、日本のひとり勝ちだった発展モデルを根本的に変えつつある。それまでのアジアは、「雁行型」と呼ばれる発展モデルで推移してきた。Ｖ字型の隊列の先頭を切って飛んだのは、高度経済成長を遂げた日本であった。リーダーの日本を目標にして、アジアの諸国が後を追ったのだが、その雁行型が完全に崩れてきたのだ。

二〇〇五年度の世界経済統計を見ればよく分かるが、最先端を行くＩＴ関連産業を含めて、中国・インド・韓国などアジア諸国の躍進は、世界の経済貿易地図を塗り替える勢いである。あと数年も経てば、アメリカ・ＥＵ（欧州連合）・日本を中心軸とした旧来のグローバリゼイション論だけでは、とてもカバーできない新次元に突入するだろう。

日本がアジアの盟主として君臨していた時代は、すでに終わった。人口面での少子化と高齢化社会、非都市地域での過疎化、農・林・鉱・漁など大自然に根ざした第一次産業の全面的な衰退――そういう大問題を抱えている日本が、このアジアの新局面の渦中にあって、どこに活路を見いだしていくのか。アメリカとの貿易比重はすでに二〇パーセントを割り、アジアとの貿易比重は五〇パーセントを超えつつある。対米一辺倒の経済外交では、もはやどうにもならないことは誰の目にも明らかである。

そのような問題関心を基調に、今日の「東アジア共同体」論は、経済の新しい発展モデルの一環として論じられている。すなわち、日・中・韓三国の経済外交を中心に、ＥＵが大胆に実験している域内交流を念頭に置いて、労働力や資本が活発に行き交う自由貿易地域の設立、それをテコにした域内全体の関税同盟や共通通貨の実現を展望する論議である。そして「東アジア共同体」の枠組みは、東アジア・サミットとＡＳＥＡＮ＋３（日・中・韓）によって整えられていくという希望的な観測が出始めている。

## 東アジア文化の多様性と共通性

今後の日本の進路は、大筋ではその方向を選択する以外にはないだろう。もちろん東アジアだけではなく、さらなる激動が予想される西アジアや東南アジアの趨勢も視野に入れておかねばならない。日本がリーダーシップを発揮するためには、アジア・太平洋諸地域の動きを的確に把握する情報基盤、大胆な発想に基づく新しいアジアの未来像の構築、そして切れ味の鋭い発信能力が必要だ。

だが、これまでアメリカへの過剰依存を続けてきた日本政府は、そのいずれの分野でも、アジア各国からの信頼度は低い。しかも始末が悪いのは、例の靖国問題が絡んで、政府首脳の資質そのものが信用されていないのだ。

その状況を打開するためには、経済外交だけではなく、いわゆる「歴史認識」の問題を含めて、文化や思想のレベルでの論議を深めていくことも必須の作業だろう。

仮にも「東アジア共同体」を口にするならば、「モノの流動」「情報の流通」だけではなく、「ヒトの移動」「文化の交流」も念頭におかねばならない。また実際問題として、そのような動きは、主として〈民〉のレベルで加速化されつつある。

その場合にネックになってくるのは、各国政府が、どこまで国家主権のもとでの旧来の政治体制にこだわるか、そして、それぞれの国民のあいだで形成されてきたナショナリズムとどう向き合うか――さしあたりこの二点である。

もともと「共同体」は、なんらかの血縁的、地縁的なつながりがあって、文化や民俗の共通性を基盤として形成される共同生活の様式を指す。現時点での「東アジア共同体」論は、このような高次のレベルでの共同体の形成を目論んでいるわけではない。冷戦時代とは大きく様変わりしたとはいえ、そんなユートピア論をストレートに展開したならば、それこそ白昼夢であると一笑に付されるだろう。

## 山積みしている重い課題

したがって当面は、経済外交の分野に限定されるだろう。

東アジアの広大な地域に、国家という枠組みに括られたさまざまの民族が存在し、いずれも固有の歴史と文化をもっている。

それぞれの風土と文化の多様性を前提としながら、共生と連帯をキーワードとして、相互に腹を割って率直に話し合える信頼関係をつくり上げていく。まずそこから始めねばならない。だが、それを円滑に進めるためにも、二千年以上に及ぶ東アジア全体の民族移動の流れ、そして文化交流の歴史の問題は、改めて視圏に入れておかねばならない。

手がかりになるものがいくつかある。北方系・南方系などいろんな系列があるが、東アジアの諸民族は、元を正せば同じモンゴロイドとしての形質を共有している。そのほとんどは古代から漢字文化圏であり、儒教・仏教・道教の三教の信仰圏であった。衣・食・住にしても、自然風土による差異性はあったとしても、基底ではかなり通底している民俗を共有してきた。ざっとあげてみても、これらの要素は、国家という政治的枠組みを超えて、人間的交流を深めていくうえで、やはり有利なアクセスであると言えよう。

当面話し合わねばならない重要問題も山積みしている。例えば「自然破壊と環境の悪化」「人口問題」「資源枯渇とエネルギー問題」「食糧自給」「軍縮と安全保障」「経済的格差の拡大」「生き甲斐の喪失」「少数民族問題」「人権問題」などである。

アジアの諸国は、大なり小なり、そういった地球規模で立ちはだかるさまざまな危機《クライシス》に直面している。どれをとってみても、一国だけでは乗り越えられない難問である。特に環境、エネルギー、人口、食糧、そして軍縮と安全保障に関わる問題は、二十一世紀を生き延びるためには、一刻の猶予もならぬ緊急の課題である。

もちろん国家首脳部の話し合いによって片が付くような簡単な問題ではない。学界やジャーナリズムはいうまでもなく、市民ＮＰＯなどさまざまな民間団体が総力をあげて取り組まなければ、突破口を開けることも容易ではない。

私見では、この問題を解決するひとつの糸口になるのは、迂遠な回路のようにみえるが、東アジア全体の歴史や文化の基層まで掘り下げた論議だと思う。

## 靖国問題の深層にあるもの

靖国問題は、日本の近代国家形成の根幹にあった天皇制ナショナリズムの問題と深く関わっている。もっとはっきり言えば、明治維新以来の〈脱亜入欧〉論に基づくアジア蔑視思想と、〈富国強兵〉を旗印とした覇権主義に端を発していた。「八紘一宇《はっこういちう》」という誇大妄想のスローガンのもとに、度重なる侵略を「聖戦」と自称してきた。そして、その可視化されたシンボルが靖国神社だった。そのことは境内の遊就館を見てみればよく分かる。

だが、「靖国問題」の淵源は、実はもっと深いところに根ざしている、というのが私の意見である。その意味では靖国問題は、中国大陸と朝鮮半島、そしてこの日本列島という広大な地域の地誌を踏まえた「東アジア史」をどのように認識するか、そのこととも深く関わっている。

そして、その検討されるべき「歴史」は、近代の端緒である明治維新まで遡ればよいというものではない。東アジアのそれぞれの国家の成り立ち、その地域の民族構成を含めて、遥か有史以前まで視圏に入れて論じなければ、事の本質は理解できない。それはまた、東アジア地域における諸国家の角逐と変遷を経て、それぞれの国で醸成されたナショナル・アイデンティティをめぐる問題にまで及ぶ。

守旧派として知られている歴代首相も、靖国問題には慎重に対応した。一度は参拝しても、事の是非を問われたならば、二度と参拝することはなかった。その前例も無視して、靖国参拝に固執している頑迷固陋人は、アジアの古代史はおろか、近・現代史もまともに勉強していないのではないか。政治家としての歴史認識を云々する以前に、そもそも私人としての基礎教養に問題があったのではないか。

## 天皇の発言を大きく報じた『ニューズウィーク』

私が言いたいのは、文献史学だけではなく、人類学・民族学・考古学・民俗学・神話学などを含めた、基礎教養としての「アジア学」、さらには「日本学《ジャパノロジー》」の、国民レベルでの普遍化である。そこのところを抜きにしては、「歴史認識」の共通理解はもちろんのこと、「東アジア共同体」論への足固めもできない。

この場合の歴史とは、それぞれの「国のかたち」を定めた東アジアにおける古代律令国家群の成立史がまず頭に浮かぶ。特にこの列島に住むヒトにとっては、中国大陸と朝鮮の文化の深い影響のもとで誕生した古代のヤマト王朝成立史が、当然のことながら問題となる。さらにその前提として、縄文・弥生時代にまで遡って、日本民族の形成史も視野に入れねばならない。今日政治的争点となっている「歴史認識」とは、実はそのように広い問題領域に根ざしている。

その問題で一石を投じたのは、二〇〇一年十二月、現天皇の誕生日の記者会見、そこでの発言である。「桓武天皇の生母が百済の武寧王の子孫であると『続日本紀《しょくにほんぎ》』に記されていることに、韓国とのゆかりを感じています」という趣旨の発言だった。しかし皇室問題をタブーとしている日本のマスコミは、あまり大きく報じなかった。

韓国では一面トップで報じた新聞もあったが、私の目に付いた限りでは『ニューズウィーク』日本版が「天皇家と朝鮮」と題する六ページの特集を組んだ（二〇〇二年三月二十日号）。桓武《かんむ》を産んだ高野新笠《たかののにいかさ》が渡来人の家系であることは、歴史辞典や研究書にも出ている。その意味では、歴史好きで知られている天皇の発言は、驚くべき発言ではなかった。

それを「驚くべき発言」とした『ニューズウィーク』誌は、上田正昭・梅原猛・沈寿官ら諸氏へのインタビューをはじめ、江上波夫の「日本人騎馬民族起源説」、高松塚古墳の「大陸風の衣装をまとった人物像」、さらには埼玉県南部に移住していた「高句麗《こうくり》系集団」の話にまで取材は及んでいる。そして最後は京都市西京区にある高野新笠の墓を訪れて、周辺住民にその来歴を知っているか、と問うところで記事を終えている。

## 歴史的センスに欠けた報道

このような丹念な取材と比べると、日本の大手メディアは怠慢というか、歴史的センスに欠けているというか、この天皇発言をほとんどフォローしなかった。

東アジア共同体を論じる場合、現在いろんな係争点を抱えている北朝鮮と台湾も、当然のことながら仲間になる。いろいろ根深い問題が内在しているのだが、その根本的な解決を抜きにしては、古代からの東アジア全体の歴史と文化を踏まえた「東アジア共同体」構想そのものが成り立たない。

一例をあげておこう。北朝鮮は、六〜八世紀の頃の中国の隋・唐時代の高句麗と、ほぼ重なり合う域内にある。その頃の高句麗は、律令制統治システム、国家宗教としての仏教の導入、さらには文化と教育制度の要となる大学の設置——このいずれにおいても、ヤマト王朝よりも先駆けた先進国であった。つまり、古代の世界文明モデルの頂点にあって、「中華」を自称していた隋・唐の冊封《さくほう》体制の域内にあっては、高句麗はトップに位置づけられていたのであった。正史として編まれた『日本書紀』においても、ヤマト朝廷は明らかにそのように認識していた。

『紀』のかなりの部分は、当時の朝鮮諸国との外交関係の記事で占められているが、そのほとんどは高句麗・百済《くだら》・新羅《しらぎ》・加羅《から》（伽耶《かや》）の順序で叙述されていたのである（朝鮮は英字では korea と表記されているが、その基となったのは中国語の「高麗」、すなわち kao-li であった）。どこかで読んだことがあるが、南北統一が実現した際の新国家の名称はいくつか取り沙汰されているが、高麗が有力な候補の一つである。

## 興味深いキーマンの発言

ここまで書いたとき、たまたま当時の外務審議官田中均氏の「外交戦略—東アジアを中心として」と題する講演要旨が目に付いた（『毎日新聞』大阪本社版、二〇〇六年二月二十四日）。

七段抜きの大きい記事だったが、同氏は二〇〇二年九月の「ピョンヤン宣言」を水面下で準備したキーマンとしてよく知られている。

東アジア共同体について、「すぐに共同体が設立できるとは思わないが、努力するプロセスが互いの国のナショナリズムを吸収し、地域の平和と繁栄に寄与する」と氏は述べている。共同体を推進する基軸は日・中関係になるが、躍進を続ける中国も、その内部に環境悪化とエネルギー逼迫問題を抱え、巨大な軍事力も不透明感をぬぐえないと的確に指摘している。

ところで、私が注目したのは会場からの質疑に対する最後の応答である。興味深い発言なので全文を引用しておく。

問　交渉相手としての北朝鮮の印象は？

答　勤勉で能吏ですよ。戦前の日本の軍人、外交官もこうだったのかもしれない。このような人材がいるのに、なぜこのような（経済が疲弊し、国際社会から孤立する）状況を脱しないのか、と感じた。激しい交渉で、「日帝時代に我々がどんなに辛酸をなめたか……」と何日も攻めたてられた。過去の清算はたやすいことではない。タフで二度とやりたくない交渉でした（笑い）。

田中氏は一九四七年の生まれで、いわゆる団塊の世代であって戦時下の社会体験はない。

したがって「日帝時代の辛酸」と攻め立てられても、自分が体験した切実な実感として、その問題を反芻しながら答えることはできなかった。

ところが私たち戦中世代は、身体に染み込んだ原体験として語らねばならない立場にある。まさにリアルタイムでアジア人差別の現場にいたのである。

私が小・中学校で学んでいた頃、すなわち一九三〇年代から四〇年代の前半であるが、中国人は「チャンコロ」、朝鮮人は「チョーセン」、熱帯なのでメラニン色素が濃く肌が褐色の東南アジアの人たちは「土人」と呼ばれた。これらの言葉は、ヒソヒソと語られる卑語として流通していたのではない。大人の世界でも日常語として通用していたのだ。

福沢諭吉は『文明論之概略』で、世界を〈文明・半開・未開〉の三段階に分けた。その頃は「半開」国であったが、三〇年代では日本はすでにアジアで唯一の第一グループとされていた。そして、他のアジア地域は第二・第三グループだとする区別→差別論が、学校教育の基本に公然と据えられ、国定教科書もそのような史観で編纂されていた。

## 二　大日本帝国と「ヤマト民族」

### 国史教育で重視された三つの教材

私たちの世代は、一九三〇年代に初等教育をうけた。今でもよく覚えているが、国史教育の目玉にされた教材は次の三つだった。いずれもアマテラスの御子である天皇の御稜威《みいつ》に従わない「逆賊」征伐の話である。「イツ」とは神霊のもつ強力な威力を指すが、その当時の学校教育では、天皇は〈現人神《あらひとがみ》〉であると教えられた。そして皇祖アマテラス以来の神裔《しんえい》に敵対する者は、すべて逆賊と呼ばれた。逆賊とは何か。テクストでは、どのように語られていたのか。

第一は、神武天皇による先住民の逆賊「土蜘蛛《つちぐも》」征伐だった。第二は、ヤマトタケルによる「熊襲《くまそ》と蝦夷《えみし》」征伐、そして第三が神功《じんぐう》皇后による「三韓」征伐だった。

すなわち、九州南部の日向から発した神武の東征軍が、瀬戸内を東進して熊野経由で大和に入り、縄文人系とみられる先住民の「土蜘蛛」を次々に退治していく。その頭領だった長髄彦《ながすねひこ》を倒して、大和の橿原の宮で即位して王権を打ち立てる。

次いで神武の偉業を受け継いだヤマト王朝は、ヤマトタケルを派遣して南の「熊襲」と北の「蝦夷」を征伐して、全国を平定する。そして四世紀後半に入ると、さらに王権の版図拡大をはかり、朝鮮半島まで出撃して三韓を征伐する。三韓は朝鮮半島南部に拠った馬韓《ばかん》・辰韓《しんかん》・弁韓《べんかん》を指すが、戦前の教科書で特に強調されたのは、神功皇后による新羅征伐と朝鮮南部の加羅における任那《みまな》日本府の設立であった。

このように国内外の「逆賊」「蛮族」「化外《けがい》の民」を討って、それを支配下に入れることによって、万世一系の天皇制に基づく日本国家の領土が確立された――そういう単純明快な国家像が、まだやわらかい子供たちの頭脳のなかに毎日のように叩き込まれたのであった。

## 国家教育の柱とされた純血「ヤマト民族」

「神武創業の古《いにしえ》に復《かえ》り」、日本国家の起源を宣明し、「国体」〈国家の体質〉の神聖性を明らかにすることが、学校教育の中心的な課題であった。そして、『日本書紀』の神武紀に出てくる「八紘一宇」というコトバが、日本の海外進出のスローガンとなった。

この標語は、天皇の御稜威のもとで世界をひとつの家とすること、もっとはっきり言えば、アジア全域をその傘下に収めることを意味した。そのスローガンは、新聞・雑誌で毎日のように書き立てられ、中学校の作文の時間でも必須の課題とされた。

今から考えてみると、「日本は世界に冠たる神国である」というムードづくりで、思想面だけではなく情緒面で大きい役割を果たしたのが、〈日本人単一民族〉説であった。それを補強したのが、日本人は、隣国の中国や朝鮮の諸民族より数等すぐれているとする純血「ヤマト民族」説であった。そのヤマト民族固有の精神性が「大和魂」であった。

そして一九三六年十一月の日独防共協定、一九四〇年九月の日独伊三国同盟の成立も作用していたのだろう。ドイツ民族の核であるアーリア人の「血と精神」を青少年教育の柱に据えたナチスにならって、その頃から日本でも、純血種ヤマト民族の優秀性がことさらに強調されるようになった。つまり、㈠アマテラス→神武の血を受けた上御一人《かみごいちにん》を君主にいただく

「神国日本」、㈡その臣民たるヤマト民族が二千六百年にわたって育んできた「大和魂」、㈢その威光のもとでアジア全域の支配を正当化する「八紘一宇」の大思想――この三大スローガンのもとで太平洋戦争は「道義にかなった聖戦」とされた。

## 三　戦後における「渡来人」論

### 第二次大戦直後の「日本民族起源」論

さてここまでは前口上であって、これから本論に入る。

日本軍部が仕掛けた太平洋戦争は、アジアの各地で多くの無辜の民を殺した。無惨な最期だった。戦前の天皇制ナショナリズムは、轟音を立てて崩壊していった。

それまでの皇国史観を根本から見直す論述が堰を切ったように噴出してきた。戦前のナショナリズム関連の本は、古本屋でも二束三文で誰も見向きもしなかった。

万世一系の天皇神聖史観を打ち立てるために、右翼軍部の介入によって、ほとんど詐術といえるほど無惨に歪められた歴史のテクストを、史実に即してどう編み直すか。それが戦後の文化と教育を再建するための基礎的な課題となった。

その最初の大きい一石を投じたのが、一九四八年五月に、民族学の石田英一郎と岡正雄、考古学の八幡一郎、東洋史学の江上波夫――この四人によって、三日間ぶっ続けで行なわれた討議「日本民族の起源」であった（この座談会は『民族学研究』四九年二月号に掲載されたが、よく売れてすぐ絶版となった。五八年に補注・解説を付して、平凡社から再刊された）。

その冒頭の発題で、岡正雄はこの討議の柱として次の四点を指摘している。㈠日本列島で人類は発生していない。㈡日本民族は単一民族ではない。㈢この列島における歴史的発展を一系的、直線的に捉えることはできない。㈣この列島に入ってきたさまざまの文化の混成の結果として、いわゆる「日本文化」が成立した。

戦禍の記憶もなまなましいバラックの二階で行なわれた熱気溢れるこの大討議は、改めて読み返しても、当時としては凄まじい衝撃力をもっていた。「日本史研究に新しい分野を開拓した壮挙」と評せられた（『東京毎日新聞』一九四九年三月二十三日）。早速、各界から大きい反響が返ってきた。再刊本の冒頭に詳しいが、興味深いのは柳田國男と折口信夫の反応と、言語学者、考古学者らの批判的考究であった。

## 五〇年代からの「帰化人」論

一九五〇年代に入ると、そのような日本古代史の見直しの一環として、朝鮮から渡来してきた「帰化人」の果たした政治的な役割、彼らがもたらした文化や民俗が改めて注目されるようになった。そして、「帰化人」をテーマにした歴史研究が相次いで発表された。

関晃《せきあきら》『帰化人』（至文堂、一九五六年）、水野祐『日本民族の源流』（雄山閣、一九六〇年）、

上田正昭『帰化人』（中公新書、一九六五年）、今井敬一『帰化人と社寺』（綜芸舎、一九六九年）、平野邦雄『帰化人と古代国家』（吉川弘文館、一九九三年）などである（平野の著作は収録されている論文が六〇年代に執筆されたものが多いのでここに入れた）。

六〇年代に入ると、文献史学だけではなく、自然人類学・民族学・考古学・民俗学・宗教学・神話学の領域までしだいに論点は拡がっていった。日本の各地に残っている朝鮮文化の遺跡を丹念に辿って、歪められた古代の交流史の見直しに一石を投じた金達寿の『日本の中の朝鮮文化1〜12』（講談社、一九七〇〜九一年）もよく読まれた。

そして、七〇年代前半から「帰化人」に代わって「渡来人」という用語が一般化した。しかし海を渡ってやってきた人々をすべて「渡来」という規定で括ってしまうことには問題がある。そのことはまた別に述べるのでここでは立ち入らないが、特に七世紀後半の百済と高句麗の相次いだ滅亡の際にやってきた人たちは、一部の王族・貴族系の「蕃客《ばんきゃく》」を除けば、政治的な難民とみなされ、「帰化人」として処遇された。つまり、故国を離れて「日本国」に国籍を移した「帰化人」として、その居住地も畿外に指定されたのであった。

## 関晃と上田正昭の注目すべき著作

さて、関晃の『帰化人』は、戦後初めてこの問題に体系的に取り組んだ開拓者的労作である。関は太平洋戦争勃発の翌年、一九四二年に東京帝大の国史学科を卒業したが、戦中からこの問題に取り組んでいた。

同学年だった井上光貞が戦時中に書いた「王仁の後裔氏族と其の仏教」も労作だった。この論文は、『日本古代思想史の研究』（岩波書店、一九八二年）に初めて収録されたが、それを読んだとき、あの苛烈だった戦時中にこういう先覚的な論文を書いていたのかと感心したことをよく覚えている。私が文学部に入学したのは一九四七年四月だったが、その頃の井上光貞は文学部の助手で、私たち学生の自治会と教授会との折衝の窓口の役目をやっていた。もう六十年も前の話だが、その親切な対応は今でもよく覚えている。

ところで、この関晃の書では、次の四点が重視されている。第一は、彼らが中国や朝鮮から持ち込んだ種々の技術や知識が、「当時の日本の社会の進展と文化の発達に決定的な役割を果たし」、それによって「日本の社会は新しい段階に足をふみ入れることもでき、また新しい精神的な世界を展開させることもできた」という指摘である。ここでは特に「決定的」という言葉に注目したい。

第二はその人数である。弓月君《ゆづきのきみ》が百二十県の人夫を率いてきたとか、阿知使主《あちのおみ》が十七県の党類を従えてやってきたという伝承はあてにならないとしても、数世紀のあいだに渡ってきた人たちを総計すれば、「全体としては案外大きな数に上る」。

第三、今日の日本人も古代の帰化人たちの血を一〇～二〇パーセントはうけているのであって、「われわれの祖先が帰化人を同化した」とよく言われているが、「そうではなくて帰化人はわれわれの祖先なのである」と関は言い切っている。

第四はその活動の歴史であるが、帰化人の働きには、「いくつかの段階」があり、「帰化人の種類にも変遷交替があり」、その歴史的意義にも時期によってかなりの相違があったと述べて、具体的に自説を展開している。

この関晃の著作は、戦後における「渡来人」「帰化人」研究の最初の布石として高く評価される。もちろん今日からみれば、いくつかの問題点がある。例えば第三の数字は過少であって、一〇~二〇パーセントどころではない。正確な数値を計算することはできないが、特に西日本では、渡来系の血をうけた者は過半数を遥かに超えていたのではないか。

この関晃の、当時としてはきわめて大胆とも言える指摘を発展させて、主として朝鮮半島から渡来してきた人たちを歴史的には四段階に区分して、さらに詳細に論じたのが上田正昭の『帰化人』であった。この著作は、日本古代史研究に大きい一石を投じた。

# 第二章　「日本人の二重構造」論

## 一　縄文人・弥生人の多様な重層構造

### 埴原和郎の「日本人の二重構造」論

一九八〇年代から九〇年代にかけて、わが国の人類学界でも、形質人類学ならびにＤＮＡによる集団遺伝学による研究が大きく発展した。そして、アイヌは縄文人の系統に連なるこの列島の先住民であり、それとごく近い類縁関係にあるのが琉球人である――大筋でほぼこのようにまとめられる学的研究が、相次いで発表されたのである。

特に縄文人と弥生人の人骨を中心とした対比研究が進んだことは、この列島の先住民研究に新しい一ページを付け加えた。

まず今日の形質人類学の主流となっている埴原和郎の「日本人の二重構造」論について簡単にみておく。その学説が体系的に論述されたのは、『日本人の起源』（朝日選書、一九八四年）と『日本人の成り立ち』（人文書院、一九九五年）の両著である。その論点は複雑多岐にわたるが、ここでは埴原の二重構造の要旨を私なりに簡単にまとめておこう。

日本列島の全域には旧石器時代から「東南アジア系の集団」が住み着いていたが、これが縄文人で、埴原はこの系列を〈在来系〉とする。そこへ縄文時代の終わり頃から、「北アジア系の集団」が、大陸——主として朝鮮半島——から北部九州や本州の西端部に渡来してきた。この集団を埴原は〈渡来系〉と規定する。

大陸からの渡来の原因としては、まず気候の冷涼化があげられる。それによる北方民族の南下につれて、東アジアでも種々の民族摩擦を生じるようになった。それが中国や朝鮮半島における政治的動乱を引き起こし、海を渡って集団的に移住する原因になったと埴原は指摘する。

このような渡来の波は、弥生時代になるとその数を増し、北部九州やその周辺で「小さなクニ（部族国家）」をつくり、それぞれが勢力を競い合った。

やがて〈渡来系〉の人たちは、近畿地方にまで拡散して「大和《やまと》文化の基礎」をつくった。そして先住する縄文人と混血しながら〈ぼかしの文化〉圏をつくった。このようにして、日本列島に住む集団は、弥生時代から二重構造を示すようになり、この列島におけるヒトの形質の地域差、文化面における複雑な地方色が生まれた。

文化の面では、水稲耕作の技術や金属器の伝来が重要で、自然の恵みに頼る文化から稲作中心の農耕文化への移行をもたらした。それを基盤に渡来系の人口は増大し、各地方へ拡散するにつれて在来系集団との混血も進んだ。九州北部や本州の西端から発掘された人骨資料にみられるように、形質に変化を及ぼすような遺伝的影響もみられるようになった。

埴原は、特に弥生時代に入ってからの生活様式の変化に着目して、小山修三が推定した弥生時代に入ってからの西日本における人口の急激な変化も、そのような文化の流れの帰結にほかならないと指摘した（小山修三『縄文時代——コンピュータ考古学による復元』中公新書、一九八四年）。

また身体形質ばかりでなく、弥生時代に入ってからの土器・石器などの物質文化、社会形態、風俗・習慣の急速な変化にも、渡来人の影響が強く現れていると言う。

さらに埴原は、渡来人の政治的能力も無視できないと指摘する。彼らはもともと「騎馬民族の後裔」であって、大集団で行動し、ときには戦闘集団としてその威力を発揮した。それを可能にしたのが「社会の指導原理としての政治力であり、クニの形成能力」だった。この指摘は、後で再論するが重要なポイントである。

私見を付け加えておくと、この「騎馬民族の後裔」とは、特に高句麗系を指している。そして後述するように、高句麗王朝の血脈が、百済王朝に入っていることを忘れてはならない。ただし、百済の民衆の大半は、大陸の江南地方と深いつながりのある「倭人」系だった。

## 四段階に分けられる渡来の波

このように「日本人の二重構造」は弥生時代に始まったが、それは「在来系集団と渡来系集団との対立と融合の歴史」でもある。そして、その最初の画期は古墳時代だった、と埴原は指摘する。ほぼ三世紀から六世紀にわたる古墳時代は、「渡来系集団によって作られた沢山の小国家」がしだいに統一され、ついに近畿地方で朝廷が成立した政治的な画期だった。ここでいう小国家は、筑紫・出雲・吉備などの在地豪族が支配する文化圏を指している。

ここで私なりの註を入れておくと、北九州→瀬戸内→近畿というルートだけではない。山陰海岸には、黒潮の分流が入ってきている。したがって出雲とならんで、丹波と丹後と但馬も小さなクニであり、独自の文化圏だった。

古墳時代に入ると、畿内に成立したヤマト朝廷は、「大陸の先進文化を取り入れるために進んで渡来人を受け入れた」。その結果、渡来人の数は急激に増加した。発掘された人骨資料からみると、弥生時代の渡来人と同様に、古墳時代に渡来した集団も北アジア系の特徴をもっていた。そしてその多くが西日本に住むようになったので、縄文人系が主力の東日本と渡来人の多い西日本との民族的形質の差異は、弥生時代よりいっそう顕著になった。

次に埴原は渡来人の歴史について述べるが、渡来の波は四段階に分けられるとした上田正昭の『帰化人』など、これまでの古代史家の研究を紹介しながら次のように述べる。

第一段階は弥生前期に始まった。この時期は山口県・土井ヶ浜遺跡の年代にほぼ一致する

（私なりに付言しておくと、一九五八年から六二年にかけて二百体を超える人骨が数多くの副葬品とともに発掘された。縄文人よりも面長で長身化した特徴があることから、弥生時代前期の形質研究の第一歩となった重要な遺跡である。その埋葬状況も当時の民俗を考えるうえで重要視されるが、その遺体は朝鮮に向かって埋葬されていた）。

第二の波は、四世紀末から五世紀にかけての応神《おうじん》・仁徳《にんとく》朝を中心とする時代で、西日本を中心に朝廷の地方支配が軌道に乗りつつあった頃で、この時期から朝鮮や中国との外交が活発になってきた。

第三は、五世紀後半から六世紀初頭を中心とする期間で、「今来《いまき》の才伎《てひと》」と呼ばれる多くの技術者が朝鮮から移住してきた。特に朝鮮半島の南部の政治情勢が緊迫化するにつれて百済人が多く渡来した。

第四の波は、最も多くの渡来人を迎えた時期で、天智《てんじ》朝以降の七世紀後半であった。この時期に唐・新羅の連合軍によって百済が滅ぼされ、さらに高句麗も滅亡したため、これらの両国の人が大量に日本にやってきた。

埴原はこのように、四段階に分けて渡来の波を想定する。文献史料からみれば、多少のズレはあっても古代史家ではほぼ一致した見解である。秦・漢から隋・唐に至る中国の史書、朝鮮の『三国史記』『三国遺事』などの古文献と照合しながら、『紀』『記』『風土記』などの記述をみても、渡来のピークはこのように考えられる。

以上が埴原の二重構造論の大要である。

## 二　自然人類学による最新の研究

### 弥生時代の播磨の住民

ただ問題なのは、第一の波とされる弥生時代である。私は縄文時代後期の頃から、朝鮮半島から北九州へ、さらに瀬戸内海地方へやってきた人たちもいたと考える。日本海ルートで山陰海岸へやってくる人たちも、数は少ないがいたのではないか。

これまで想定されている時期よりも、渡来人の波は時代を繰り上げて考えねばならないのではないか。つまり縄文時代の後期の頃には、朝鮮半島南部の島嶼部の海民たちは、九州北部の海岸までかなりひんぱんにやってきていたと思われる。

すなわち、最近のその地方の遺跡の発掘状況からも、そのことは十分に想定できる。

彼らは朝鮮半島の南部の人たちで、馬韓（のちの百済）・辰韓（のちの新羅）・弁韓（のちの加羅）などのクニをつくった人たちのなかでも、海洋民系に属した集団であろう。

私は巨済《コジェ》島・南海《ナムヘ》島をはじめとする南海岸の島民が、早くから北九州へやってきたと考えている。済州《チェジュ》島を含めて、この地域の住民は、もともと江南地方の倭人系で、先進的な操船技術をもった海洋民系が主力だった。

次節でみるように、播磨に上陸したアメノヒボコの伝説にも、海民文化が色濃く投影されている。紀元前五世紀頃に入ると、自然環境の変化や政治的・経済的要因によって、渡来の波はますます増えてくるのだが、それを詳しく実証する人骨資料はあまり残っていない。

埴原は、北アジア系の集団の渡来について、特に注目して次のように述べている。「人類学の面でとくに注目されるのは高句麗で、朝鮮半島北部というその地理的位置からみて、高句麗人は北アジア集団の影響を強く受けていると考えられる」。

高句麗系文化との交流は、後でみるように六世紀に入って活発になってくる。繰り返し述べたように、朝鮮半島南部の百済・加羅系の文化は、中国の江南地方から伝わった倭人系が主流で、北方騎馬民族系の高句麗系文化とはかなり異質だった。初めて高句麗系文化に直接接触したとき、ヤマト王朝の支配層はかなり驚いたのではないか。それとともに新鮮な衝撃を受けたのではないか。そのように私は考えている。

縄文期から弥生期への移行期の人骨資料がまだ限られており、中国大陸や朝鮮半島での同時代の人骨の発掘が少ないので、日本の人骨資料との比較研究もまだ不十分である。

八〇年代に入ると、弥生時代と渡来人に関して、注目される論考が相次いで発表されたが、私がみた限りでは、池田次郎の「異説弥生人考」(『季刊人類学』第十二巻第四号、一九八一年)、人骨資料を分析して論じた中橋孝博の「渡来人の問題——形質人類学の立場から——」(西谷正編『古代朝鮮と日本』所収、名著出版、一九九〇年)などが注目される。

一九九〇年代に入って、人類学研究はDNAによる集団遺伝学による手法が主流になってきた。そのリーダーが尾本惠市であるが、国際日本文化研究センターでは、尾本をチーフとした「日本人と日本文化研究」プロジェクトで、日本人の起源が学際的に究明された。

その報告のひとつ「形態と分子からみる日本人の起源と形成に関する研究」で、馬場悠男はDNAの分析から、このような渡来人の拡散・浸透の影響は、現代人の遺伝的特徴にも現れており、北部九州を頂点に北東および南西の両方向に向かって頻度が変化する傾向が数多くみられると指摘している。

つまり、本州を中心とする日本列島において、渡来人の影響の強い集団が、北部九州から関西そして関東を中心として、いわゆる本土人として日本人の主要部分を形成していったという「二重構造モデル」の解釈は、この研究の成果と整合する。結論として、埴原の「二重構造モデル」の中心である日本列島における基層集団と渡来集団の二重構造性は、今回の研究成果と整合すると言える。

約七百年にわたる弥生時代をきっちり段階的に区分することは難しい。最近ではその始まりを約五百年も遡らせる説も発表されている。弥生文化が広く普及した西日本でも、かなりの地域差がある。簡単にはまとめられないが、要するに弥生時代人は、㈠在来系の縄文人の形質をそのまま保持している先住民のグループ、㈡縄文人と大陸からの渡来人とが混血したグループ、㈢縄文人にはなかった弥生系の形質をストレートにもっているグループ、ざっとこのように分けられる。だが、それも時代の進展につれて相互に複雑に交錯し、さらに多様な地域差が生じる。したがって、弥生人をひとつのエスニック・グループとして、まとめて論じることは難しい。

この列島における弥生から古墳時代にかけては、やはりこの㈠、㈡、㈢の系列のグループが混在していたのだろうが、特に難しいのは混血している㈡の集団の分析である。考古学資料を援用しながら、新しく発掘される人骨の比較研究によってさらに精微に掘り下げるほかはない。文献史料だけではもはや手詰まりである。

## 三　さまざまのエスニック・グループ

中国大陸からの渡来人といっても、ごくおおざっぱに分けても、北方騎馬民族系、長江から北に住んでいた漢人系、南方系の倭人と三つに大別される。さらに出身地によって、言語・文化・風俗がかなり異なるエスニック・グループに分かれる。

朝鮮半島でも、早くから土着の部族《トライブ》を中心に小さなクニが形成されていたが、時代の進展とともに、やはり大陸から入ってきた北方騎馬民族系・漢人系・倭人系が複雑に混交するようになったと考えられる。このように朝鮮からの渡来人といっても、いろんなエスニック・グループに分かれていたのだ。

渡来人集団のそれぞれの出身地が異なれば、当然のことながら衣・食・住の習慣や民間信仰もかなり異なっていたであろう。もともと中国大陸にいた漢人で、朝鮮北部の楽浪郡に移住し、そこが高句麗に併呑されてしまってからこの列島にやってきた人たちもいたのである。

移住してきた当初の頃は、同じ出身地の親しい同族集団で小集落を形成していたであろう。しかし、多少の言葉や生活習慣の違いは、数十年も経てば、周りの人たちとの交流の深まりにつれてしだいに解消されていく。衣・食・住などの民俗慣習も、新しく住み着いた土地の自然風土に順応するようにしだいに変わっていく。

百済の王侯貴族には、もともと高句麗系だった家系も含まれていた。だが、百済《くだら》の民衆には多分に南方系の倭人の血が流れて、高句麗系とは民族的形質もかなり違っていた。

しかし南方系であれ北方系であれ、今日の日本人がそうして形成されたように、ごく近い村里で隣接して住むようになれば、体形や容貌や皮膚色の多少の差異は、時間の経過とともにお互いにあまり意識しなくなる。

次に問題になるのは、弥生より先にこの列島にいた人たち、つまり縄文人との出会いと関わり方である。地域によっては、土地・食糧・水などをめぐってさまざまのトラブルが発生した場合もあったかもしれないが、すんなりと同化融和していったケースも多かったのではないか。

いくらか民族的形質が違うエスニック・グループが隣接して居住した場合には、〈異化〉よりも〈同化〉の道を選択したほうが暮らしやすいのが人類史の通例である。

この列島にやってきた歴史にはかなりの時間差があったが、どの集団にしても、煎じ詰めれば、みな東アジアや東南アジアのモンゴロイド系の分枝分流だった。形質的にもそんなに際立った違いはなく、すぐ近くに居住して数十年も経てば、文化・民俗の相互浸透と混血によって、その壁はしだいになくなってしまう。

もしいつまでもその壁を意識させるものがあるとすれば、それは後に設定された「国家」という概念であり、その可視化されたものとしての「国籍」という意識である。その問題については後章で述べる。

## アメノヒボコ伝説と渡来人

その頃の状況を垣間見ることができるのが、『記』『紀』および『播磨国風土記』に記されている〈アメノヒボコ〉伝説である。天日槍《アメノヒボコ》(『記』では天之日矛)はこの列島に伝わる最初の渡来人伝説である。その時期を特定することはできないが、たぶん弥生・古墳時代の頃から、播磨の各地で語り継がれてきた地域説話の集大成であろう。

古墳時代後期から奈良時代初期の頃の播磨では、さまざまなエスニック・グループを源流とする集団が共存していた。播磨に先住していた縄文人にしても、その源流をたどれば、背があまり高くなく彫りの深い顔立ちをした南方系であったと思われる。朝鮮南部から北九州を経て瀬戸内海地方にやってきた人たちにしても、やはり源流をたどれば大陸の江南地方の倭人系が主力だった。

先住していた縄文人にしても、後からやってきた渡来人がもってきた米作りや鉄器製造に深い関心を抱いたに違いない。そして生産の技術や交易の情報を交換しながら、平和に共存している状況がみられたのではないか。

『播磨国風土記』をみても、朝鮮からの渡来人集落と明記されている村里も数多い。

さてアメノヒボコ伝説であるが、『記』によれば、新羅の水辺で太陽の光を浴びた女が赤玉を産み、それを得た王子アメノヒボコが玉を床辺に置くと赤玉は女となる。この女を妻とするが、その女は倭国に逃げる。それを追って王子も渡来し、筑紫・播磨・摂津・近江などを遍歴し、最後に但馬の出石《いずし》にとどまった。

そのとき持参した神宝には、日鏡のほか浪切る比礼《ひれ》など八種があった。これらをみると海洋民系の太陽神を信仰する集団であったとみられる。

『記』『紀』『風土記』三書ではかなり違いがあるが、地元での伝説を最も忠実に採録しているのが『播磨国風土記』である。

アメノヒボコと国土争いをしたとされる「伊和《いわ》の大神」は、出雲系の倭人であろう。「葦《あし》原《はらの》志擧乎命《しこをのみこと》」は、伊和の大神とはいくらか系統の違う倭人系だったと考えられるが、たしかなことは分からない。

神前《かんざき》郡の生野の条にみえる「荒ぶる神」は、たぶん縄文系であろう。

また同郡の大川内と湯川に「異俗人《あだしくにびと》、卅許《みそたりばかり》口あり」とあるが、この異俗人とは縄文系であろうか。あるいは、この地に配流された蝦夷《えみし》の集落であったかもしれないが、たしかなことは分からない。

ともかくここで言えることは、この『播磨国風土記』の編纂者と目されているのが、後でみる百済系渡来人の楽浪河内《さざなみのかわち》であった。彼は、天智《てんじ》二（六六三）年に百済から渡来した沙門《しゃもん》詠《えい》の子である。この書が編纂された和銅《わどう》六（七一三）年当時、彼は播磨国の大目《だいさかん》であった（塚口義信「播磨風土記の成立」『風土記の考古学』第二巻所収、同成社、一九九四年）。

学業にすぐれた一族で、その根拠地は河内国であった。神亀《じんき》元（七二四）年には高丘連《たかおかのむらじ》の氏姓を賜り、のちに大学頭《だいがくのかみ》に任ぜられている。

ともかく百済から移住してきてまだ百年も経っていない渡来人の一族の出である。その新しい眼力で播磨の民族誌を考察しながら、本書を編集したのであった。

# 第三章　渡来人と国家帰属意識

## 一　律令制国家とナショナル・アイデンティティ

### 律令の制定と国家帰属意識

七世紀後半に入ると、六六〇年の百済の滅亡、六六八年の高句麗の滅亡、そして統一新羅の成立という朝鮮半島の緊迫した状況に直面して、ヤマト王朝は、対外政策の大転換を迫られたのである。

百済の復興運動を支援するために、倭国から六六三年に派遣した救援軍も、白村江《はくすきのえ》で全滅した。そして王侯・貴族たちが亡命してきた。多くの難民も船で九州に逃れてきた。その五年後、高句麗の滅亡の際にもかなりの難民が亡命してきた。

倭国では、急いで北九州や瀬戸内海沿岸に城を築いた。都を近江の大津宮へ遷し、防衛態勢を固めた。そして外国人の移住について厳重に規制するとともに、国内統治の政治体制についても抜本的な改革に乗り出した。

その画期となったのが、天武《てんむ》・持統《じとう》朝（六七三～六九六）だった。中央集権的な統治方針を定め、天皇制による国民統合を急いだ。「倭」と呼ばれていた国号を「日本」に改めた。そして、「王―臣―民」という序列に基づいて、天皇制を基軸とする身分制が法制化された。つまり、今風に言えば、「日本」という新しい国号のもとでの、ナショナル・アイデンティティの全面的な強化が図られたのである。

それまでの「倭」の時代では、朝廷の権威が比較的行きとどいている畿内はともかくとして、都から遠く離れた辺地の住民は、国家への帰属意識はあまりなかった。どこから自分たちの先祖はやってきたのか、自らの家系はどのような民族の流れを汲んでいるのか――公民とされた民衆でも、そのエスニック・アイデンティティは、はっきりしていなかった。いや貴族層でも、その出自は不明確な氏姓が多く、先祖の由来を詐称する者が多かった。

後でみるように、平安初期に古代諸氏族の系譜書『新撰姓氏録《しんせんしょうじろく》』を編纂したのは、そのような冒名冒蔭《ぼうめいぼういん》が盛んに行われていたからである。畿内一一八二氏を「皇別《こうべつ》」「神別《しんべつ》」「諸蕃《しょばん》（蕃別《ばんべつ》）」の三つに類別し、改めてその血統と家系を申告させたのである。

したがって、都から遠く離れたクニでは、自分たちは畿内の大和で睨みをきかせている大君《おおきみ》が支配する国家の一員だという帰属意識はなかった。もちろんヤマト王朝に対する忠誠心もなかった。そのことは、六世紀前半に北九州で起こった「磐井《いわい》の乱」によっても分かる。

新羅と結んで筑紫の国造《くにのみやつこ》が、ヤマト王朝に正面から反抗したのだ。

ヤマト王朝は、その権勢が全国に及ばないことを知っていた。それで六六〇年代からの東アジアの危機的情勢に直面して、そのたるんでいる箍《たが》を一挙に締め直そうとした。そして律令制を導入して、なんとかナショナル・アイデンティティを強化しようとした。本家の唐の〈中華意識〉を見ならって、天皇主権を基軸とした対外政策の新しい理念を、国家外交の中心に据えたのである。

つまり八世紀に入ると、百済・高句麗を滅亡させた新羅が朝鮮半島の統一王朝となるのだが、それを「蕃国《ばんこく》」と呼ぶようになった。中国の律令制では、「蕃」(「藩」)は垣の意であって、「蕃国」は地方を鎮めて王家の護りとなる外国、すなわち朝貢国《ちょうこうこく》を指す蔑称であった。その外国からやってくる使節が「蕃客」であった。

そのような中華思想に基づいて、「日本」の朝廷は、新羅や渤海《ぼっかい》をあえて「諸蕃」と呼ぶようになった。だが、名実共に東アジアの最大国である唐だけは「隣国」とされ、「諸蕃」とは区別された。

そういう手直しの一環として、六六〇年代以降にやってきた渡来人には、新しい基準を設定して対応したのであった。次節では、その問題についてみてみよう。

## 入国管理制度の強化

律令制は、戸籍による個別的な人身支配が原則であった。すべての人民は国家に帰属するとされ、無国籍や二重国籍的な存在は認められなくなった。

そして百済・高句麗の滅亡後にやってきた新しい渡来人は、一部の王族・貴族を除いて、すべて「帰化人」として掌握されることになった。公戸に付された場合は、計帳に「帰化」と記されることになった。

「蕃客」として遇された王朝貴族や高名な学識者・文化人は別として、民間ルートでやってきた渡来人が都のある畿内に定住することは難しくなった。京畿《けいき》（畿内）に入って勝手に活動することが禁じられたのだ。

すなわち、国家としての中央集権的な支配体制の整備とともに、このように国際間交流も厳重に規制されるようになった。これまでゆるやかであった外国人の渡来が、律令制国家の成立とともに全面的に見直された。今日流に言えば、入国管理制度の強化である。

なぜ、そのような措置をとったのか。七世紀後半に入ると、故国を失った百済や高句麗から、移民がどっとやってきた。百余年に及んだ朝鮮半島全域の大動乱は、多くの難民・流民を生んだ。戦争という社会的災害に加えて、旱魃や洪水などの自然災害も相次いだ。

それらの災難に巻き込まれた民衆、特に下層の貧しい民は悲惨だった。おそらく朝廷の予想を上回る人数が、難船に乗ってやってきたのではないか。いうならば「難渋私船」である。

それらの人たちの入国監査をやるのは筑前の大宰府だったが、そのすべてを審査して「帰化」として掌握することはできなかったと思われる。

もちろん王侯・貴人は「蕃客」として特別待遇された。例えば百済王の姻族だった鬼室《きしつ》氏である。鬼室福信《ふくしん》は百済復興運動の雄将だったが、復興軍の内紛によって謀殺された。その子とみられる鬼室集斯《しゅうし》は、百済滅亡後に渡来し、天智八（六六九）年に男女七百余人とともに近江国蒲生郡に移されている。小錦下となり学頭職に任ぜられたが、蒲生郡日野町の鬼室神社にその墓がある。

また高句麗の滅亡時にやってきた王族は、高麗《こま》氏を名乗り、朝臣《あそん》として遇せられた。遣唐副使に任ぜられた高麗広山、遣渤海使《けんぼっかいし》となった高麗殿継など、その一族から外交関係で活躍した有為の人材が輩出した。

なお高句麗人の渡来のいきさつは『続日本紀《しょくにほんぎ》』延暦《えんりゃく》八（七八九）年十月の条に記されている。すでに武蔵国には新羅人が居住していたが、霊亀《れいき》二（七一六）年に高麗郡が新設され、同五年に駿河《するが》・甲斐《かい》・相模《さがみ》・上総《かみふさ》・下総《しもふさ》・常陸《ひたち》・下野《しもつけ》の七国から、高句麗人一七九九人が同郡の開発のために移された。

このように王侯・貴族が率いる大集団の場合でも、畿内ではなく、近江と武蔵に配置されたのであった。学識のある文人は、政治家・外交官として重用され、朝廷の官僚として畿内に居住した。

天武四（六七五）年十月に筑紫から唐人三十人が送られてきた。この唐人の由来はよく分からないが、遠江国に定住させられた。

## 「畿内」と「畿外」の政治的ライン

ここで注目されるのは、先にみたように「畿内」と「畿外」とを政治的に峻別する措置がとられたことだった。七世紀後半からの律令国家制は、天皇王権のもとで畿内の有力豪族が、畿外の各地に割拠している地方豪族を支配するための制度だった。それゆえに畿内の豪族はもちろんのこと、畿内の人民に対しても特別の優遇措置がとられた。

『続日本紀』慶雲《けいうん》三（七〇六）年二月の条に、「外邦《とつくに》の民と異にして、内国《うちつくに》の口《く》を優《あつ》くす」とある。この「外邦」は「畿外」を指し、「内国」は「畿内」である。そして同月の条にあるように、畿内人は庸《よう》を免ぜられ、調《ちょう》は半額にするという経済的特典が与えられた。数多くの役所や寺社が集まっている京畿では、特別に雑徭《ぞうよう》や雇役を課せられることもあったが、それを差し引いても畿内人はいろんな点で有利だった。

租庸調などの課役に耐えかねて、戸籍登録されている本貫地《ほんがん》を離れて、各地を流浪する「浮浪」も畿外諸国で発生した。課役の負担を免れるために、本貫地を離れたとみなされた者は「逃亡」罪とされた。それでも畿外諸国から、畿内を目指して上京してくる者が絶えなかった。特に生活に難渋している民衆は、なんとかして畿内にもぐり込んで、仕事にありつこうとした。「都」は全国の産業文化の中心地だったから、都にもぐり込めばさまざまの雑業に就くことができたのである。

畿内人には、多少の勉学を身に付けてその能力を認められれば、身分が低くても、王臣家の資人《しじん》（従者）として雇われるチャンスがあった。また官人に近い身分として、それなりに優遇されている僧侶になるコースも開かれていた。

しかし畿外では、公民百姓でも学問を習得する機会はほとんどなく、得度《とくど》して正式の僧侶になることも無理だった。せいぜい形だけは僧体をしたモグリの僧、在地のシャーマンである「巫覡《ふげき》」として、民間信仰を流布して回るのが精一杯だった。

ましてや下級官人として在地役所に就職し、それから上級官人への階段を上っていくことなどは、とうてい不可能だった。名のある地方豪族の子弟でなければ、そのような出世コースをたどることは夢の又夢であった。

天武天皇が「八色《やくさ》の姓《かばね》」を制定した際に、無姓の臣下や渡来人系で姓を賜ったのは、主として京畿の出身者に限られていた。天武五年四月の勅《ちょく》にあるように、畿外で官人として出仕できる者は、「臣《おみ》・連《むらじ》・伴 造《とものみやつこ》・国 造《くにのみやつこ》の子孫」に限られていた。庶人であっても才能があれば登用すると付言されているが、名の知られた地方豪族の直系子孫でないと、実際は難しかった。民間の百姓が官人になるコースは、ほぼ完全に閉ざされていたのであった。

北魏《ほくぎ》の首都の平城で行なわれた制度を導入して、王城の周辺に「畿内」という行政特区を設けたのであるが、大化《たいか》二（六四六）年の「改新の詔」の第二条で、京師《けいし》の制と畿内の制が定められ、「畿内」と「畿外」のあいだに政治的なラインが引かれた。そして東西南北の四地点を畿外との境界とした。すなわち、東は伊賀の名懇《なばり》（名張）の横河《よかわ》、南は紀伊の兄山《せのやま》、西は播磨の赤石（明石）、北は近江の挟々波《ささみ》の合坂山《おうさか》であった。詳しいことは分からないが、勝手に通行できないように関が設けられ、それを監視する兵が配置されたのであろう。

大宝元《たいほう》（七〇一）年施行の令で、畿内制が法制化され、倭《やまと》（のち大和と改称）・摂津・河内・山背（のち山城と改称）の四国が畿内とされた。その後に河内から和泉が分立して「五畿内」と称されるようになった。畿外は「外国」と呼ばれたが、都から近く交通路も早くから開かれていた播磨にしても、近江・但馬・丹波・紀伊と同じく「外国」とされたのであった。

なぜ王都を中心にそのような行政特区が設けられたのか。第一、神聖な天皇の御所がある京畿《けいき》を外敵から守り、文化の中心地としての秩序と威厳を保ち、産業振興の拠点とするためであった。第二、外国からの使節、さらには辺界の地から朝貢《ちょうこう》のためにやってくる「夷人《いじん》雑類《ぞうるい》」に対して、京畿の隆盛を見せつけるためであった。

そして、先にみたように「畿内」にはさまざまの優遇措置がとられていた。律令制の中央官人は、原則として畿内出身者に限られた。そして畿外の勢力との勝手な交流を取り締まるために、五位以上の官人が畿外へ外出するときは、天皇の特別の許可を得ることが義務づけられた。

## 二　三善清行の「意見十二箇条」

### 形は「沙門」、心は「屠児」

奈良時代後期から平安時代前期にかけて、当時の地方の状況を知る史料として、よく知られているのが「意見十二箇条」である。三善清行《みよしきよゆき》が、延喜《えんぎ》十四（九一四）年に朝廷に密封して提出した意見書である。

三善氏は百済系の氏族で多くの文人が輩出したが、この清行も当代きっての知識人で、文《もん》章《じょう》博士《はかせ》・大学頭《だいがくのかみ》・式部大輔《しきぶたいふ》などを歴任した。備中の国司として苦労した経験を踏まえ、律令国家の制度的弛緩を憂えて、地方行政の具体的な改革案を十二カ条にまとめて朝廷に提出したのがこの意見書だった。その第十一条で、次のように「天下人民」の実状について述べている。

諸国の百姓課役を逃れ租調を逋《のが》るゝ者、私《ひそ》かに自ら落髪して猥《みだ》りに法服を着す、かくのごとき輩《やから》、年を積みて漸く多く、天下人民の三分の二、皆これ首《かうべ》を禿《かぶろ》にする者也、これ皆家に妻子を蓄へ口に腥膻《せいたん》を啖《くら》ふ、形は沙門《しゃもん》にして心は屠児《とじ》の如し、いわんやその尤《もっと》も甚《はなは》だしき者は、聚《あつま》りて群盗を為し窃《ひそか》に銭貨を鋳る。

当時の世相を活写した興味深い記述である。この意見書では、課役を遁れるために「天下人民の三分の二」が出家した僧の恰好をしているが、彼らは家に妻子があり、肉を食べている。形は僧侶だが、心は「屠児《とじ》」と同じだと言うのだ。禿は、近世以後は「かむろ」と発音するが、髪のない頭を指す。平安期の出家した沙門《しゃもん》（僧）は、みな「かぶろ」だった。

人民の三分の二というのは大げさな数字であるが、ここに描かれているのはみなモグリの僧である。僧であれば租や調を課せられなかったし、門前に立てばなにほどかの施しを受けられた。もちろん黙って立っているわけではない。門ごとに経文らしきものを唱えて祈禱し、歌舞などを添えた者もいたのであろう。

彼らは食べ物をいれる行器《ほかい》をもっていたが、そこには神仏と交感する際の呪具も収められていたのではないか。古代では、遊行神人とも呼ばれた諸国漂泊の「巫覡《ふげき》」は、〈祝言人《ほかいひと》〉であると同時に、門ごとに食物を乞う〈乞食人《ほかいひと》〉でもあった。

在野の巫覡たちは、このように僧形をして門付けをやったのではないか。もちろんその日暮らしなので他のいろんな雑業《ぞうぎょう》にも従事したであろうが、彼らはしだいに寺社の散所に集住するようになった。労役を提供する代わりに、寺社の権威にすがりついて生きていくことができた。

私はこの「意見十二箇条」に出てくるモグリの私度僧《しどそう》の多くが、在来の「巫覡」と合流して、平安期以降における民間陰陽師の大きい源流になったのではないかと考えている。「僧尼令」にあるように、正式に得度《とくど》した僧は、結婚して妻子を持つことはできず、殺生禁断も厳重に守らねばならなかった。もちろんモグリの僧は、こんな戒律は守らなかった。生活の方便として僧服を着て、自分で勝手に落髪したのである。ボロボロの僧衣を身にまとって「腥膻《せいせん》を喫《く》う」こと、すなわち獣肉を含めて「なまぐさいもの」を日常的に食べていた。

彼らがまず目を付けたのが、僧の真似事をした民間布教だった。弥生時代の頃から朝鮮半島南部から伝わった「小道巫覡」の類である。仏教が広く信じられるようになっても、下層民衆社会では、依然として道教系の呪術的信仰が根強く残っていたのであった（在来系のシャーマニズムと道教の導入については、『陰陽師の原像』岩波書店、二〇〇四年、その第二章で詳しく論じたので参照されたい）。

## 三善清行の「意見十二箇条」

先に引いた文は、「意見十二箇条」の第十一条で、「諸国僧徒の濫悪《らんあく》」について述べた部分にある。その全文を読めばよく分かるが、この意見書の主眼点は、大寺院を中心とした仏教全体の腐敗堕落を徹底的に糾弾するところにあった。

彼は激しく言う。造寺造仏が流行し、寺が建てられない者は一人前の人間として扱われないような世相になった。それで、みなが資産を傾けて仏塔を造り、田園を捨てて仏地にしている。大寺は「良人を買うて寺奴婢《じぬひ》」としている（東大寺だけで宝亀《ほうき》三（七七二）年の記録によれば、約六百人の奴婢を所有していた）。

この「十二箇条」は、いずれも朝廷の失政を糾《ただ》して、政治経済上の構造改革を説いた上奏文である。この三善清行の意見書はなかなかの名文で、上層貴族たちの無為無策と奢侈《しゃし》増長の風潮を戒め、律令体制崩壊前夜の社会状況を伝える迫真の文章である。

三善清行は、中国の古典籍にも通じ、下級官吏出身としては稀にみる博学多識だった。地方の行政官も歴任したので民情にも通じていて、情に溢れた意見書だった。また、自然界との相関関係を説く易経や陰陽《いんよう》・五行《ごぎょう》説にも通じていた。そのことは、易経や詩経の「緯書《いしょ》」をはじめ「倭漢の旧記」を数多く引用した彼の「革命勘文《かくめいかんもん》」を読めばよく分かる。

「意見十二箇条」と「革命勘文」は、『日本思想大系8』（岩波書店）に収録されている。その詳細な解説と註を参照されることを願ってここでは立ち入らないが、辛酉《しんゆう》の年には天命が革《あらた》まるという「辛酉革命」説に基づいて改元を上申した。その説が容れられて、九〇一年に昌泰《しょうたい》から延喜《えんぎ》に改元された。

播磨との関係も深く、三十四歳で播磨権少目《ごんのしょうさかん》に任じられている。この役務は中級官僚であるから、民衆のあいだを歩き回って世情に通じるようになったのだろう。それから出世を重ねて、「意見十二箇条」を上奏したときは式部大輔だった。さらに参議となり宮内卿を兼任、さらに播磨権守を兼任した直後に七十二歳で亡くなっている。

そのように播磨とのゆかりがあったので、「意見十二箇条」の第十二条には「重ねて播磨国の魚住の泊《とまり》を修復せんと請う」とある。その当時の瀬戸内航海路は、九州方面からやってきたときは、まず室津へ泊まり、そして韓泊《からとまり》（現・姫路市的形町福泊）↓明石の魚住↓大輪田（現在の神戸港）↓河尻（現・淀川河口の河尻）という航路で畿内に入ることになっていた。

さて、明石の魚住港の状況について、第十二条では次のように述べている。このような行程は、僧の行基が設計して築港されたと伝えられているが、現在では魚住の港が荒廃して使用できないので、韓泊から大輪田まで直行する。したがって特に冬の暗夜では「浜辺の遠近」が分からないので難破する船が続出し、一年間に約百艘、水死する者は千人を超える。七八〇年代の貞観《じょうがん》時代に僧の賢和が独力でこの港の修復を試みたが、今ではまた風浪に侵されて港の築石が崩壊している。播磨・備前両国の正税を充てて、朝廷は早くこの港を修造し、「天民が魚と為るの歎きを遁《のが》れしめよ」と上奏したのである。

## 「今来の才伎」だった錦部氏

それでは三善清行は、どのような出自なのか。平安初期の八一五年に成立した『新撰姓《しんせんしょう》氏録《じろく》』は、畿内豪族の家柄・出身を明らかにするために、「皇別《こうべつ》」「神別《しんべつ》」「蕃別《ばんべつ》」に類別してそれぞれの家系譜を記して朝廷に提出させた系図書である。

左右京・山城・大和・摂津・河内・和泉の一一八二氏の系譜が記されているが、その三分の一が「蕃別」である。「蕃別」は「大漢三韓之族」、すなわち中国・朝鮮半島からの渡来人の後裔であるが、出自別にみると、漢一六三氏、百済一〇四氏、高麗（高句麗）四一氏、新羅九氏、任那九氏、計三二六氏である。

ところで三善氏は、「右京諸蕃下」に記載されていて、次のように自らの出自を記している。「三善宿禰《すくね》。百済国の速古《そくこ》大王自《よ》り出づ」

この速古大王は、『三国史記』百済本紀にある肖古王で、百済の第五代の王である。渡来系では、名門の王族の肖古王を祖とする氏族が多い。だが、大半は仮冒《かぼう》であろう。仮冒とは、自分の家柄を身分の高い血脈にみせるために、他の氏族の系図、特にその始祖の名を騙ることである。

このような仮冒は、身分の高い「皇別」「神別」でもなされていて、『新撰姓氏録』の系図帳をそのまま信じることはできない。この姓氏録が編集されたのは、貴族になっている豪族のあいだでも、位階上昇のための仮冒がしきりに行なわれていたので、それをチェックするために朝廷が本系帳を提出させたのであった。

ところで、三善宿禰の旧姓は、河内国錦部郡に住む錦部首《にしごりのおびと》であった。『続日本紀』天平《てんぴょう》神護《じんご》元（七六五）年十二月の条に、従八位上錦部毗登《おびと》石次、正八位下錦部毗登大嶋ら二十六人に、錦部連の姓を賜わったとある。
その錦部連がさらに三善宿禰に改姓したのだが、佐伯有清はその労作『新撰姓氏録の研究・考證篇第五』で、三善氏に改姓したのは延暦十六（七九七）年から大同《だいどう》二（八〇七）年のあいだであろうと推定している。「和泉国諸蕃」に、次のように記されている。

「錦部連、三善宿禰と同じ祖《おや》」

錦部は錦織部《にしごりべ》とも書くが、錦・綾など織物の製作に従事した伴部《ともべ》である。伴部は律令制以前の職業部の系譜をひき、律令制下では諸官司に所属して下級官人となった。
この錦部の起源は、『紀』の雄略《ゆうりゃく》天皇七年の条に記されている「今来《いまき》の才伎《てひと》」である。おもに百済からやってきた新来の技能者である。東漢直掬《やまとのあやのあたいつか》に命じて、新漢陶部《いまきのあやのすえつくりべ》・鞍部《くらつくりべ》・錦部・画部《えかき》・訳語《おさ》を上桃原《かみつももはら》・下桃原《しもつももはら》と真神原《まかみのはら》の三カ所に住まわせたとある。桃原については諸説あるが、『令集解《りょうのしゅうげ》』にあるようにその本貫地は石川がすぐそばを流れる大阪府の富田林であろう。なぜ錦部にこだわって横道にそれたのか。私の家のすぐ近くで、錦織の地名がそのまま今も残り、いつもの散歩道であるからだ。

## 「負名氏」の改氏

なぜ、錦部氏を三善氏に改姓したのか。延暦年間に韓国《からくに》氏が高原氏に改姓したように、朝鮮からの渡来系であることが分かる氏姓から、倭名に変更する氏族が少なくなかった。

韓国氏では、役小角《えんのおづの》の弟子だった呪禁師《じゅごんし》の韓国連広足《からくにのむらじひろたり》が有名だ。天平《てんぴょう》三（七三一）年に外従五位下に叙せられ、次いで典薬頭《てんやくのかみ》に任ぜられた。その子孫の韓国連源は遣唐録事の要職にあったが、『日本後紀』弘仁《こうにん》三（八一二）年正月の条に、韓国氏から高原氏への改姓を請願して許されたとある。

錦部氏の改姓もその一例だと言えるかもしれないが、私は職掌の転換があったのではないかと思う。つまり、綾や錦の織物師から、しだいに文人・行政の分野に進出していったのだろう。史料に当たってみると錦部氏にはいくつかの系列があって各地に散在しているが、経文の書写を専門とする経師《きょうじ》の多いのが目立つ。

もうひとつ、その頃「負名氏《なおいのうじ》」で改姓を請願した家系がいくつかあったが、その風潮に乗って、錦部を三善に改姓したのかもしれない。大化前代の伴造《とものみやつこ》の後裔で、先祖伝来の職掌を氏の名としていた氏族を「負名氏」と呼んだ。この負名氏では、土師《はじ》氏の改姓がよく知られている。土師氏は陵墓の造営や埴輪の製作など、朝廷の喪葬儀礼に従事した家系だったが、そのような葬儀にまつわる負のイメージを避けて改姓を請願したのであろう。

大化二（六四六）年の薄葬令によって、墳墓の築造が規制されたので、伝統的職掌が衰弱していったこともその理由であった。叙位も五位どまりで外位とされていた。

土師氏は四系統あって、延暦九（七九〇）年に、それぞれの本拠地名にちなんで、菅原・大枝・秋篠に改姓することが認められた。菅原氏からは是善《これよし》・道真《みちざね》親子をはじめ有名な学者・文人が輩出した。大枝（のちに大江と改称）氏も音人《おとんど》・千里《ちさと》など、すぐれた学者・文人を出した。菅原道真でよく知られている前者は「菅家《かんけ》」、大江匡房《まさふさ》でよく知られている後者は「江家《ごうけ》」と呼ばれて、文人系の家系として日本史に名を残した。

数多い「負名氏」の中でも、錦部氏は、菅原氏・大江氏のような名門ではなかった。いわば中・下級官僚の家系だった。一族には写経を専門とする経師が多く、織物師から文人への進出をはかったのであろう。その頂点に立って錦部氏→三善氏の系譜を世に残したのが、この三善清行だった。

これも私の勝手な推測だが、錦部氏が学者・文人の分野に進出するきっかけになったのは、その一族の錦織壺《にしごりふつ》の娘の石女《いしめ》が出家して恵善尼《えぜんに》となったことにあったのではないか。彼女はその後、百済まで留学して、日本仏教史にその名を残す三人の尼僧のひとりとなった。次節ではそれについてみてみよう。ここでもまた播磨が出てくる。

## 三　播磨で活躍した渡来系氏族

### 百済で仏法を学んだ「三人の尼」

ところで、この「三人の尼」の由来が記されているのは、ちょっと時代が遡るが『日本書紀』の敏達《びたつ》天皇十三（五八四）年から、崇峻《すしゅん》天皇二（五八九）年にかけてである。渡来人の後裔であるこの三人についてかなりの枚数を割いているが、朝廷の正史としては異例である。
その五八四年の九月に百済から仏像二体が送られてきたので、それを祀るために蘇我馬子は、仏教に通じていた鞍部村主《くらつくりべのすぐり》司馬達等《しばたっと》と仏師《ぶっし》の池辺直《いけべのあたい》氷田《ひた》に命じて、各地から修行者を求めさせた。そしてようやく播磨国で、僧の還俗《げんぞく》した者で「高麗《こま》の恵便《えべん》」という者を探しあてた。還俗とは、一度出家した者が再び俗人にかえることである。

馬子はこの恵便を師として招いたが、さらに三人の娘を得度《とくど》させて恵便の弟子とした。ひとりは鞍作《くらつくり》氏の祖、司馬達等の十一歳の娘嶋《しま》で、得度して「善信尼《ぜんしんに》」となった。さらに漢人《あやひとの》夜菩《やぼ》の娘豊女《とよめ》が「禅蔵尼《ぜんぞうに》」、そして先にみた錦織壺の娘が「恵善尼」となった。馬子は三人の尼に衣食を供し、自宅の東に仏殿を造り、百済から渡来した石仏を安置した。

ところが翌年に疫病が流行し、蘇我馬子と物部守屋のあいだで、あの有名な崇仏・排仏をめぐる激しい論争が始まった。物部守屋らは、疫病の発生は仏を祀ったからだと排仏を主張し、塔・仏殿を焼き、仏像を難波の堀江に捨てさせた。天皇もそれに従って仏法禁断を命じた。そのとばっちりをうけて、三人の尼は衣を奪われて、禁固・鞭打ちの刑に処された。

しかし、その直後に、天皇も馬子も疱瘡を病んだ。それだけではなく、国中で流行して多くの死者が出た。「仏像を焼いた罰だ」という噂が流れたので、天皇は馬子に仏法を修めることを許した。馬子は、三宝の力によって世間無事を仏に祈願した。新しい寺を造営して、三人の尼を再び迎え入れて供養した。

三人の尼は、百済に渡って仏弟子として戒法《かいほう》を学びたいと馬子に申し出た。百済から使いとしてやってきた恩率首信《おんそつすしん》に連れられて、ようやく百済に留学できたのは五八八年であった。この三人は、大戒を受けて二年後に無事帰国した。

推古《すいこ》十四（六〇六）年五月、司馬達等の孫の鞍作鳥《くらつくりのとり》が、元興寺に丈六《じょうろく》の銅像（仏の身長は一丈六尺とされるがその座像）を安置して、推古天皇に賞せられた。これが奈良県高市郡明日香村に今もある飛鳥大仏であって、日本最古の銅製である。そのとき天皇は、「汝の祖父の司馬達等、父の多須那《たすな》が仏法を敬い、そして伯母の嶋女が、初めて出家して諸尼を導き仏法を修行した」と誉められた。この一家は、まさに倭国における仏教発展の礎《いしずえ》となった。

## 播磨にいた高句麗の恵便

さて、播磨にいた高句麗の恵便であるが、先にみた三人の尼の師となったという記事のほかは、その活動の記録は残されていない。

ところで、高句麗の使者が越国《こしのくに》に漂着したと『紀』が伝えるのは、播磨にいた高句麗僧の恵便が見つけられた十四年前の五七〇年だった。そして五九五年には、高句麗の僧慧慈《えじ》がやってきて、聖徳太子の師となった。同年来朝した百済の僧恵聡《えそう》とともに仏の教えを広め、いずれも仏教界の中心人物となった。

倭国への仏教の公伝は、欽明《きんめい》天皇の時代に百済の聖明《せいめい》王から仏像・経典などが伝えられたときであるが、五三八年とする『元興寺縁起』と、五五二年とする『日本書紀』など諸説がある。五五三年、朝廷は百済に医博士《くすしのはかせ》・易博士《やくのはかせ》・暦博士《こよみのはかせ》の当番の交代と、卜書《うらのふみ》・暦本《こよみのためし》・各種薬物を送ることを求めている。

その頃の百済は、北から高句麗、東からは新羅の圧迫を受けて窮地に立たされていた。倭への援軍を求めた百済に対して、倭の朝廷は救援軍を派遣する見返りとして、仏僧・学者・文人の来朝を求めたのであった。『紀』の欽明天皇十五（五五四）年正月の条によれば、「救援軍一千・馬一百匹・船四十隻」を派遣している。その翌二月に、五経博士《ごきょうのはかせ》の王柳貴《おうりゅうきこ》を固徳馬丁安《とくめちょうあん》に替え、僧曇慧《どんえ》ら九人を僧道深ら七人に替えた。そのほかに易博士・暦博士・医博士・採薬師《くすりかり》・楽人《うたまいのひと》などが来朝した。

特に親しい関係にあった百済から、相次いで新しい文物を導入し、学問・技芸のリーダーを迎え入れたのであった。当時の倭国は、そのような北東アジアの危機状況を目の前にして、国内の政治体制を整備するだけではなく、遅れていた文化の分野での改革を急いだのであった。

## 外交を担った渡来系氏族

朝鮮半島南部と対馬は約五十キロである。さらに北九州へはわずか数十キロで、うまく潮に乗り風に乗れば、一晩で到達できる近さだった。まさに一衣帯水だったから、朝鮮の諸国間の政治的動乱は決して対岸の火事ではなかった。

半島最南端の多島海を含めて、最も近くにあって一番早くから相互に交流があったのは加《か》羅《ら》と呼ばれた小国群であった。伽耶《かや》・加耶《かや》とも呼ばれるが、『紀』では任那《みまな》と記されている。しかし、洛東江《らくとうこう》下流の金官国《きんかんこく》は五三二年に、次いでその上流の大伽耶も新羅に併合されて滅亡した。おそらく縄文時代後期から、この地域の人たち、特に海洋民系が北九州沿岸部に入り、さらに東進したとみられる。その足跡を文献史料でたどることは難しいが、朝鮮半島の南部から倭国に移り住んで、何百年も経っている人たちも少なくなかった。そのなかにはヤマト王朝の中枢を構成している豪族になった人たちもいた。

彼らは、朝鮮半島の政治的緊張を、他人事とすましてはいられなかった。朝鮮の政治的な波動がこの倭国に及ぶことも十分に予測できたからである。

特に六世紀に入ってから、倭が政治的に緊張したのは、加羅を併呑した新羅の勢力拡大と強国高句麗の南下だった。もちろんヤマト王朝は、朝鮮諸国のなかでは、仏教の布教や律令制の整備など、いろんな分野で高句麗が最先進国であることをよく知っていた。

五七〇年に、高句麗の使人が日本海に面した越《こし》の海岸に漂着したとき、天皇は大変喜んで、膳臣傾子《かしわでのおみかたぶこ》をわざわざ越まで派遣して饗応させ、都へ迎え入れるときには飾り船を仕立てている。その直後に欽明天皇が亡くなり敏達天皇が即位したが、新天皇の最大の関心事は、高句麗の使人の上奏文を解読して、新しく国交を開くことであった。

しかし、文筆を司る「史《ふひと》」たちは三日かかっても、烏の羽根に書かれた文字を判読できなかった。それを読むことができたのは王辰爾《おうしんに》だった。この王氏は海運・交易にたずさわっていた百済系渡来人で、交易を担当する「船長《ふねのつかさ》」としての功により「船史《ふねのふひと》」の氏姓を賜ったと伝えられている。その一族から数多くの異才が出ているが、推古《すいこ》・舒明《じょめい》両天皇に仕えた船王後首《ふねのおうごのおびと》、八世紀後半の陰陽寮官人船連《ふねのむらじ》田口《たぐち》がよく知られている。この田口は長岡京遷都の際に相地《そうち》を担当した。相地は陰陽・五行説によって土地の吉凶を占う術である。

このことをみてもよく分かるように、渡来系氏族の力がなければ、文化面だけではなく外交面でも事を進めることができなかった。それが当時の倭国朝廷の実状だった。これらの事跡はいずれも『紀』に詳しく記されている。

こまかく人名を述べればきりがないのでここでは控えるが、この頃で特に活躍が目立つのは、東漢《やまとのあや》氏・西漢《かわちのあや》氏・秦《はた》氏・吉士《きし》氏など渡来系氏族である。その中でも、産業・文化のいろんな領域で全国的によく知られたのが秦氏である。開拓・農耕・養蚕《ようさん》・機織りをはじめ、文化や芸能の最前線で秦氏一族が活躍した。

渡来系氏族は、すでにみたように交易や外交の分野でも活躍した。外国使節の道案内・饗応・接待・折衝に当たっているのは、ほとんど渡来系である。やはり言葉が通じるかどうか、彼らが持参した文書を読めるかどうか、それが一番問題だった。文字が読め韓語が通じ、先祖の出身地が同じだということが分かれば、はるばると船でやってきた「異俗人《あだしくにびと》」でもすぐに心をひらくことができた。

## 民間ルートで播磨にやってきた

話を本筋に戻そう。このように国の内外で難事難題が輻輳しているときに、蘇我馬子は播磨で僧の恵便を見つけ、彼を仏師として招いて三人の尼を弟子にさせたのであった。

しかし、私の大胆な推測で言えば、この記事はいくらか潤色されているのではないか。百済から寄贈された仏像二体を祀るために馬子が諸国に修行僧を探させた、というところがまず不可解である。

大臣だった馬子の周りには、百済から番上《ばんじょう》していた僧がいたはずである。いなかったとしても、その教えを受けた者が誰かいただろう。おそらく馬子の耳に、播磨に高句麗の僧がいるという噂が先に入ってきたのではないか。

馬子は五七四年に吉備に派遣されて、白猪《しらい》の屯倉《みやけ》と田部《たべ》を整備しているから、この吉備・播磨あたりのことはよく知っていたはずである。白猪は鉄に関連するミヤケとみられるが、そのことについては、平野邦雄『帰化人と古代国家』（前掲）の第二章に詳しい。

馬子にその情報をもたらしたのは、司馬達等と池辺直氷田だった。この二人は共に渡来人の家系で仏教徒だった。したがって、その独自のルートから、いち早く播磨に恵便がいるという情報をキャッチすることができたのだろう。そして、百済人ではなくて「高句麗人」だと聞いて、馬子は歓喜して迎えにやったのではないか。

この二人は、仏教に通じていただけではなく、その頃の韓語にも通じていたのではないか。先にみた『紀』の敏達紀では、当時の朝鮮の言葉を「韓囀《からさえずり》」と呼んでいるが、言葉が通じなければ腹を割った話は全くできなかった。

ところで、播磨にいた恵便は、民間ルートでやってきたに違いない。まだ高句麗との正式の国交は開かれていなかったから、取り締りの厳重な都へ入ることを避けて、畿外でも都に近い播磨で活動していたのであろう。朝廷が把握できなかったとしても、恵便の他にも、民間ルートでやってきた高句麗人がいたかもしれない。

先にみたように高句麗の使者が初めて越に漂着したのは五七〇年だったが、『紀』でみると、その五年前に高句麗人の頭霧唎耶陛《ずむりやへ》が「筑紫に帰化」してきたので、山背国に住まわせたとある。その頃は「蕃客」と「帰化人」の取り扱いを職掌とする大宰府はまだ設置されていなかったが、朝廷の派遣軍の警戒網にひっかかって京へ送られてきたのかもしれない。

それはともかくとして、恵便は還俗して俗人になっていたとあるが、たぶん祈禱や施薬治療などをやる「巫覡」として活動していて、しだいにその名が知られるようになったと思われる。いわゆる「僧巫」である。当時の民間では、仏教はまだよく知られていなかったから、仏僧を名乗って活動しても、信者を得ることはできなかった。

## 四　一大文化圏を形成していた吉備・播磨

### 播磨・吉備の地誌

播州と俗称されている兵庫県の南西部は、旧播磨国である。その南部に拡がる播州平野は、瀬戸内海の播磨灘に臨むゆるやかな台地である。気侯温暖で水利も良いので、古くから米の産地として知られていた。

その後背地は、笛石山・雪彦山・行者岳など一〇〇〇メートル級の山々がそびえる山岳地帯で、奥播磨と呼ばれていた。この山深い地域は、古代から鉄《まがね》の産地だった。八世紀初期に編纂された『播磨国風土記』によれば、宍禾郡《しさわ》（現・宍粟市《しそう》）と讃容郡《さよ》（現・佐用郡《さよう》）と揖《い》保郡《ぼ》は山砂鉄を産した。

その播州平野を北上して右手に回れば、但馬《たんば》から丹波に至る。道を左手にとって中国山地の背骨である氷ノ山《ひょうせん》（一五一〇メートル）の山塊を抜けると、鳥取県の西部にあたる伯耆《ほうき》に出る。さらに日本海沿いに西に進めば神話の国・出雲である。

そして播磨の西側は、吉備《きび》である。「桃太郎」伝説に出てくる「吉備だんご」にその名を残しているが、古代の「吉備」は、今日の岡山県と広島県東部を含む広大な地域だった。

播磨と吉備との社会的・文化的交流は古くからみられ、大宝律令が制定される文武四

（七〇〇）年まで、吉備全域と播磨を統轄する吉備《きび》大宰《おおみこともち》が置かれていたとあるが、その実態はよく分からない。『播磨国風土記』印南郡南毗都麻《なびつま》の所伝では、二世紀初期頃の成務《せいむ》天皇の世に、国の境を定めようとして比古汝茅《ひこなむち》を派遣したとき、吉備比古《ひこ》・吉備比売《ひめ》の二人が参迎したとあるから、その頃は吉備の勢力が播州平野まで及んでいたと思われる。

五世紀の初頭の頃には、吉備には南部の平野部を中心に畿内と並ぶ大古墳が造営され、一〇〇メートルを超える前方後円墳だけでも十八基を数える。この吉備地方には、ヤマト王権を樹立した大和の豪族と比肩するような一大勢力がいたのである。

播磨には、吉備ほどは大規模ではないが、やはり一〇〇基を超す前方後円墳が確認されていて、全国有数の濃密な分布である。市川水系の壇場山古墳、加古川水系の行者塚古墳はいずれも一〇〇メートルを超す大型である。

なぜこの吉備・播磨地方に、経済的にも実力を備えた大きい政治勢力が生まれたのか。その理由として次の四点があげられる。

第一、数多くの河川が中国山地から流れ出て水利が良く、地味も肥えていて気候も温暖だったので、平野部は水稲耕作をはじめ農耕の適地だった。

第二、中国山地は有数の砂鉄の産地であって、「蹈鞴吹《たたら》き」に必要な豊かな森林もあって、早くから製鉄が始められていた。

第三、島嶼部を含めて海岸部は、瀬戸内海特有の気候で日照時間が長く少雨だった。それで早くから製塩が盛んだった。塩飽《しわく》諸島の名からも分かるように、このあたりは「塩が湧く」海だった。東日本では縄文時代後期から土器製塩が行なわれていたが、西日本では弥生時代中期からとされている。備前の児島地方で早くから土器製塩が始まったことは、発掘された考古学資料によって明らかになっている。

弥生時代から古墳時代にかけて、最も重要な産品とされたのは〈米〉・〈鉄〉・〈塩〉だった。富と権力の象徴となりえた米・鉄・塩が、この地方から産出されていたのであった。それらの産品が古墳時代の「吉備」「播磨」文化圏の経済的基盤だった。

第四、古墳時代に入ると播州産の〈石〉と〈革〉も注目されるようになった。後世の史料をみてもこの播州には石工《いしく》が多い。そしてなめし革の生産地としてもよく知られていた。

このようにみてみると、その生産物が多様で豊かな点では、当時の吉備・播磨地方は、北九州と並ぶ西日本有数の先進地帯であったことが分かる。

交通の便からみても、この地方の地理的特徴は際立っていた。その産業と文化は、まず第一に西から瀬戸内海を通る海路によって導入された。第二に、「畿内」の大和・河内・摂津と密接な交流があったことである。第三に、北方への道をたどれば、伯耆・出雲地方、丹後・但馬に連なり、日本海ルートに接続する。

この三つのコースを通ってさまざまの集団が運んできた文化と産業技術によって、吉備・播磨に独特の風土的特性が築かれた。八世紀からの律令制の時代に入ると、吉備地方は備前・備中・備後・美作の四国に分けられた。

もう少し大きく考えれば、古墳時代に、「吉備・播磨文化圏」と呼べるような文化圏が形成されていたと断定しても言い過ぎではないだろう。

多彩で多様な容貌を備えたその文化圏は、中国大陸・朝鮮半島から北九州へ、さらに瀬戸内海を経て畿内に入る最も重要な交通路に位置していた。そしてこの「瀬戸内海ルート」と、もうひとつの重要な交通路である「日本海ルート」、この二つを陸路で結ぶところに吉備・播磨が位置していたのである。

## 『播磨国風土記』と渡来人

和銅六（七一三）年の官命によって編述された『播磨国風土記』には、たくさんの渡来集団や渡来系の人物が登場する。編纂者と推定される楽浪河内《さざなみのかわち》は百済からやってきた渡来人の二世だった。当時の播磨国の長官（守）は、唐から帰国したエリート貴族の巨瀬朝臣邑治《こせのあそんおおじ》で、その当時の大目《だいさかん》（国司の四等官）が楽浪河内であった。

楽浪河内の父親は沙門詠《しゃもんえい》といい、六六三年の百済滅亡時に倭国に亡命した僧侶である。河内の古市郡に住み、還俗して結婚したのであろう。

楽浪と名乗ったのをみると、前漢の時代に今の平壌付近に置かれた楽浪郡の出ではないか。その先祖は中国大陸からやってきた漢民族かもしれない。養老《ようろう》五（七二一）年には、首《おびと》皇子太子の東宮学士になった知識人には渡来系氏族が目立つ。山田史《やまだのふひと》、船連《ふねのむらじ》、山口忌寸《やまぐちのいみき》、刀利《とり》など、皇太子の東宮学士になった知識人には渡来系氏族が目立つ。

さて、『播磨国風土記』には、渡来集団や渡来系の人物に関する記事は約四十例が出てくる。現存する『播磨国風土記』には欠落部分が多く、赤石郡・赤穂郡など海に接した重要な郡の記録は散逸している。もし完本があれば、おそらく渡来人に関する記事は百例を超えていたのではないか。当時の播磨には、百済、新羅、高句麗、加羅など朝鮮半島のすべての国からやってきた人たちが住んでいた。ここではいちいちあげないが、百済系と新羅系が多い。

秦氏の一族でその名が出てくるのは、揖保郡の小宅里《おやけのさと》の小宅秦公《はたのきみ》だけであるが、秦氏の地盤は赤穂郡にあった。現存する『播磨国風土記』に赤穂郡が欠けているので記事が少ないのであろう。

しかし、秦氏の同族まで広げてみると、『播磨国風土記』においてアメノヒボコ伝説の分布する地域には、かなりの秦氏系の人々が住んでいたのであって、特に吉備に隣接した西側の諸郡に多かった。

そのことは平野邦雄が指摘しているが、千田稔もそれをフォローして、『鬼神への鎮魂歌』（学習研究社、一九九〇年）で興味深い説を展開している。例えば、餝磨《しかま》郡（現・姫路市飾磨区）の巨智《こち》の里に「韓人《からひと》山村らが上祖《とおつおや》、柞《なら》の巨智の賀那」とあるが、この山村許智《こち》も奈良許智《こち》も秦氏の同族である。

さらに千田は、秦氏伝来の鍛造《たんぞう》技術が播磨に伝わったと論じて、〈兵主《ひょうず》の神―アメノヒコボ―穴師―秦氏〉と連なる地名伝承を追究している。『風土記』の餝磨郡の安師《あなし》の里は倭《やまと》の「穴師」が移住してきた地名であった。穴は「たたら炉の穴」である。

古代道教において八神のひとつとされた「兵主の神」は、風を起こす「ふいご」の技術で兵器製造に関わる神であった。兵主は、古代中国で風を支配してきた蚩尤《しゆう》を祀ってきた。鉄作りの秘法を知っている「穴師」は、兵主の神を崇めてきた。この説は、製鉄と兵器製造を軸にして、アメノヒボコ伝説と秦氏との関連を考えるうえで興味深い。

高句麗出身では、揖保郡桑原の里の桑原村主《くわばらのすぐり》が高句麗系との伝承がある。先にみたように播磨には「高麗の恵便」がいた。

## 地方豪族出身の異才・吉備真備

「吉備・播磨文化圏」においては、安倍晴明とは異なる蘆屋道満《あしやどうまん》系の陰陽師が活躍したことは後述するが、ここで吉備真備《きびのまきび》について少し述べておこう。

奈良時代末期の大動乱期に、朝廷の動きを左右するキーパーソンだったのが、「陰陽道の祖」として崇められる吉備真備（六九三～七七五）である。彼は吉備氏の一族で、もとは下道《しもつみち》真備であった。二十二歳で留学生として唐土に渡った。帰朝時に献上した多くの書物によって、儒学・天文学・兵学・音楽を学んだことが分かる。

帰朝後、阿倍内親王（のちの孝謙《こうけん》・称徳《しょうとく》天皇）の東宮学士となり『漢書』『礼記』などを教えた。一貫して女帝の側近として動いたのは、帝の東宮学士以来の縁による。孝謙が称徳として重祚すると右大臣に任じられ、地方豪族の出身としては破格の出世を遂げた。

『簠簋《ほき》内傳金烏《きんう》玉兎《ぎょくと》集』は、陰陽道の聖典とされてきた。安倍晴明の撰とされ、この原本を請来してきたのは真備と言い伝えられてきたが、室町時代に編纂された偽書である。大江匡房の『江談抄《ごうだんしょう》』では、真備が入唐したときに鬼に襲われるが、阿倍仲麻呂《あべのなかまろ》（六九八〜七七〇）の霊力で救われるとしている。真備が入唐したときは、仲麻呂はすでに在唐四十年に及んでいた。

確かに真備と陰陽道との関わりは深い。当時最新の暦書を携えて帰ってきて、七六三年に儀鳳暦《ぎほうれき》に代えて大衍暦《たいえんれき》の制定を具申した。漏刻《ろうこく》・秘術・占術などの技術も習得していたらしい。真備は、陰陽寮の外にありながら、当時の朝廷貴族が重視していた最先端の天文・陰陽関係の学知を身に付けていた。後世の陰陽道家が、その始祖として阿倍仲麻呂と吉備真備の名をあげるが、確かにこの二人は、平安期に入って体系化された日本流の陰陽道の始祖だったと言えよう。

# 第四章　陰陽道・医薬道は渡来文化

## 一　奈良時代の陰陽師

### 渡来氏族と医薬道

奈良・平安時代の陰陽寮の官人、すなわち陰陽頭《おんみょうのかみ》・陰陽助《すけ》、陰陽博士《はかせ》については、山下克明と繁田信一が丹念に史料をさぐって、その一覧表を作成している（山下『平安時代の宗教文化と陰陽道』岩田書院、一九九六年。繁田『陰陽師と貴族社会』吉川弘文館、二〇〇四年）。

この両書は、なかなかの労作であるが、残念ながら渡来系文化と陰陽師との関わりについては言及されていない。だが、奈良時代の陰陽師のかなりの部分は渡来系氏族の出であった。『紀』によれば、百済僧法蔵は天武十四（六八五）年十月に、煎じて胃薬とする薬草を美濃で採取したので賞せられたとあるが、持統五（六九一）年二月には陰陽博士に任じられている。

七三〇年代の陰陽頭として「大津連首《おおつのむらじおびと》」と「高麦太」が知られているが、大津連首はもとは義法という僧で、新羅へ留学していたが、陰陽・五行説に通じていたので、還俗させられて陰陽師となった。もともと新羅の出であろう。

高麦太は、八世紀初頭の陰陽師高金蔵《こうきんぞう》の一族である。『新撰姓氏録』左京「諸蕃」下に、高氏は「高麗国の人で高金蔵の後なり」とある。高金蔵は信成という名の僧侶だったが、還俗して陰陽師となった。そのことは、慶雲・和銅年間（七〇四〜七一五）頃の「官人考試帳」にみえる。

『続日本紀』延暦元（七八二）年の条に出てくる陰陽頭榮井衰麻呂は、旧姓は日置《へき》氏で高句麗系であった。その時に陰陽師だった船連《ふねのむらじ》田口は王辰爾の子孫で今来の漢人であった。なお賀茂保憲が陰陽頭となったあとで、惟宗《これむね》正邦・惟宗文高が陰陽頭になっているが、明法家・陰陽家として有為の人材が輩出したこの惟宗氏は、初めは秦氏であった。

ちょっと時代は後になるが、元慶《がんぎょう》八（八八四）年に陰陽頭兼暦博士に任じられた家原朝《いえはらのあ》臣《そん》郷好《さとよし》であるが、家原氏の本拠地は河内国大県郡家原（現・大阪府柏原市）で、その本系帳には先祖は後漢是武帝とあり、はっきりと渡来系であることを表明している。なお、同族の家原善宗は医師であって、天皇家の侍医を務めた。

このようにあげていくと枚挙にいとまがない。特に陰陽寮《おんみょうりょう》・典薬寮《てんやくりょう》などの官司では、渡来系でない家系を探すほうがむつかしい。

## 葦屋漢人と蘆屋道満

中世に入って語り伝えられた安倍晴明伝説において、晴明の敵役として、アンチヒーローにされたのが播磨の蘆屋道満だった。道満については後章でも触れるが、蘆屋という姓からみて摂津国葦屋郷（現・兵庫県芦屋市）が本拠地だった葦屋漢人《あしやのあやひと》の一族にゆかりがあったのではないか。

『新撰姓氏録』の摂津国諸蕃に「葦屋蔵人《くらひと》、阿智王の後なり」とある。阿智王は阿知使主《あちのおみ》で、応神紀に出てくるが「東漢《やまとのあや》」氏の祖とされている。さらに「村主《すぐり》。葦屋村主同祖。意《い》宝荷羅支《ほからき》王の後なり」とあり、彼らも同族であろう。なお和泉国諸蕃にも「葦屋村主。百済国人意宝荷羅支王より出ず」と記されている葦屋村主がいた。「村主」は古代朝鮮語では村長の意であって、渡来系氏族に特有の姓であった。

このようにみてくると葦屋を名乗る一族が、西国航路の起点である難波津の両翼の地にいたことが分かる。『新修芦屋市史』（芦屋市役所、一九七一年）では、葦屋氏の職掌について二説を提示している。ひとつは、難波津に出入りする官船・私船の監視に当たっていた主船司、その配下にあった船戸《ふなもりべ》の出ではないかとする説である。

もうひとつは、朝廷の財物を収納する内蔵《うちのくら》を管理する職員ではないかとする説である。阿知使主の子孫が「内蔵」氏となって世襲したのだが、使役される部民は蔵人《くらびと》と呼ばれた。

船戸も蔵人も朝廷直属の品部《ともべ》であるが、いずれも船による運送・交易・収納に関わる職掌であった。海岸近くに本拠地があったことからみても、摂津と和泉に分布していた葦屋氏は、海民系の渡来氏族だったと言えよう。

## 奈良朝の大津連大浦

平安朝も中期に入ると、陰陽道は暦部門が賀茂氏、天文部門を安倍氏が統括した。この二氏は朝廷に仕えて官位を得ていたが、各地で民衆社会に大きい影響力をもっていたのは在野の下級陰陽師だった。

仏教の高度な教養に馴染みにくい民衆は、いまだにシャーマニズムを信奉していたので、自然の精霊に祈る巫術に頼っていた。それぞれの地方によっていくつかの集団に分かれていたが、その源流は、有史以前からの「巫覡《ふげき》」であった。この系列は、「巫僧」であった民間の私度僧や山岳修行をした「修験者」とも深い関わりをもちながら、平安時代に入る頃には民間陰陽道として展開していった。

賀茂家にしろ、安倍家にせよ、今に伝わる『尊卑分脈《そんぴぶんみゃく》』などの家系譜は、史料を詳しく分析すると仮冒《かぼう》と思われるものが多く、偽系譜の可能性が強い。

嵯峨《さが》天皇の命で編纂され、八一五年に成立した畿内豪族の系譜が先に見た『新撰姓氏録』である。各氏族から本系帳を提出させて、「皇別」「神別」「蕃別」に三分されているが、一一八二氏のうち渡来系の「蕃別」であると上申したのは約三〇パーセントである。

しかし、「皇別」「神別」のかなりの部分は、明らかに造作された系図である。そもそも「神別」と称しても、その氏族の始祖とされる記紀神話の神々そのものがフィクションであって、実在した人格神ではない。

奈良朝で目立つのは、先にみた大津連首の子の大津連大浦《おおうら》である。八世紀に藤原仲麻呂に抱えられ、その反乱の日の吉凶を占ったのだが、そのことを朝廷に密告し、正七位上から従四位上へ一挙に昇進した。その後和気王《わけおう》の謀反に連座して日向に左遷されたが、道鏡失脚によって許されて帰京し、陰陽頭に任じられた。天下国家の動きに関わったこの大浦の激動の一生に比べれば、安倍晴明など平安期の陰陽師の活動は、天下国家の動きとは直接関わらない小事であった。

先にみたように在野の民間陰陽師のシンボルとされたのが蘆屋道満であり、安倍晴明との対抗関係が『今昔物語』『宇治拾遺物語』などの中世説話で語られてきた。しかし繰り返し述べたように晴明も道満もその出生は謎に包まれていて、陰陽道家として名を成すまでのいきさつもよく分からない。

## 医薬道と陰陽師

日本陰陽道史の深部に関わる蘆屋道満の話が、畿内の隣国であった播磨地方と深く関わる説話として語られてきたことも注目される。播磨国は、古代から朝廷に仕えていない民間陰陽師の一大拠点だった。新羅の王子とされるアメノヒボコの渡来説話は『紀』『記』『播磨国風土記』にみえるが、中国山地における鉄の生産をはじめ、播磨は渡来人文化の一大拠点であった。

正平《しょうへい》三（一三四八）年頃に成立し、播磨の峯相山鶏足寺の僧が書いたと推定されている『峯相記《みねあいき》』（『続群書類従』所収）によれば、晴明との法術競べに敗れて、播磨に流罪となった道満は、讃容郡に流されてそこで死んだ。

道満の末流は播磨一円に散らばって活動を続けた。道満は「葦屋漢人《あやひと》」の流れを汲む渡来系と私は考えているが、後でみるように『播磨鑑』には、その子孫は播磨の餝磨《しかま》郡三宅村でずっと薬草園を営んでいて「三宅施薬」として評判だったとある。

ところで修験道の祖は、奈良時代に大和の葛城山麓に住んでいた「役行者《えんのぎょうじゃ》」である。吉野から熊野の山岳で修行していたが、弟子の「韓国連広足《からくにのむらじひろたり》」の讒言《ざんげん》によって伊豆に流された。

この韓国氏も渡来系氏族で、広足は天平三（七三一）年に典薬頭《てんやくのかみ》になっている。彼の験《げん》力《りき》を信じる山伏たちによって修験道が全国的に広められた。自由自在に鬼神を駆使したと伝えられる役行者も、有史以前からの「巫覡」に連なる系譜だったと私は思う。役行者は葛城氏の系列だった「鴨氏」の一族で、この鴨氏の一部がのちに山城国に移住して賀茂氏を名乗る。

称徳《しょうとく》女帝との関係で問題となった「弓削道鏡《ゆげどうきょう》」も、河内の八尾の生まれで、弓作りだった品部の弓削部と関わりがあったとみられる。葛城山で修行して、医薬道を学んで看護禅師となった。女帝の病を治したのがきっかけで、ついに「法王」にまでなった。八五五年に陰陽頭となった弓削連是雄《むらじこれお》も弓削部の出とみられるが、出生地は播磨国餝磨郡だった。

このように古くからの「小道巫術」を源流とする奈良時代からの陰陽師たちは、官人であれ在野であれ、医薬道に通じている者が多かった。

## 二　古代の心身治療と巫術

### 中国における不老長生の思想

東アジアでの文明の先達は中国であるが、太古の時代から活躍していた巫祝《ふしゅく》（シャーマン）がいた。その「原始的シャーマニズム」に、大自然を認識する体系としての「陰陽・五行」説、自然に即してヒトの生き方を考える「老子・荘子」の思想、さらに不老長生を目ざす神仙説などが、しだいに習合されていって、「道教」思想が形成されていった。

中国大陸では、早くから心身治療で活躍した「巫医《ふい》」がいたが、この道教系の巫術も源流のひとつだった。後漢時代の「太平道」や「五斗米道」が、民間信仰として広まったのは、いずれも心身治療を布教の手段としていたからであった。

そういう流れのなかで、二世紀頃の後漢の時代から「道教」が宗派として成立していった。そして超人的な験力（霊験あらわす能力）によって、病気を治し不老長生を目ざす現世利益的な思想として、民衆の間に拡がっていった。

山の神・川の神・海の神など「自然神信仰」（アニミズム）で生きていた民衆にとっては、いちばん馴染みやすく、現世で頼りになるのが道教系の巫術であった。

古代中国では、病は「気」と深い関わりがあるとされ、「気力」の回復によって、身体の自然治癒力を助けること、すなわち免疫力を高めることが太古の時代から重視された。「巫医」が心身治療に当たったが、深山で修行し験力を身につけた山岳修行者も医療に従事した。『周礼』に記されているように、疾医・瘍《よう》医などの医療制度も早くから成立したとみられる。戦国時代に入ると、陰陽・五行説と結びついて血管を中心とする「脈」についての研究が進んだ。

それとほぼ同時進行で、植物・動物・鉱物を中心に広く自然物を分類し記述する知識体系が形成されていった。これがのちに「本草学《ほんぞうがく》」として集大成された。薬効のあるものが上・中・下の三品に分けられたが、治療や魔除けになる「呪物」もそのなかに入れられた。

時代が進むにつれて、言葉による自然現象の分類はしだいに進み、人間の身体活動も細かく分けて考察されるようになった。例えばヒトの身体は、頭・頸・胸・手・足と五体に分けられ、さらに筋・脈・肉・骨・毛皮と機能的に区分された。そして目に見えぬ身体の内部も、五臓（肝臓・心臓・脾臓・肺臓・腎臓）六腑（大腸・小腸・胆・胃・三焦《さんしょう》・膀胱）に分類された。人間の文化は、「言葉」の増殖とともに進歩していくことがよく分かる。

## 「野巫医者」と心身治療

太古の時代から心身治療は、東西を通じて呪術的秘儀を用いるシャーマンが担った。今日でも、アジアの辺境と呼ばれるネパールの奥地や南太平洋の島々はもちろん、中国・台湾・マレーシア・インドネシアでも「呪医《じゅい》」「巫医」が活躍している。戦前の日本でも、近代に入って制定された医薬法で規制されて、表立った活動はできなかったが、都市の片隅や農山村で「巫医」はひっそりと営業していた（沖浦『インドネシアの寅さん』岩波書店、一九九八年）。

なぜシャーマンが治療を行なうようになったのか。人類の始原の時代から、自然界には霊力をもった霊魂（anima）が存在していて、その働きによってさまざまな現象がおきると考えられていた。ヒトの病気もそのようなアニマのなせる業であるとされた。そのアニマが「カミ」と呼ばれるようになるのだが、神々の世界と直接的に交わる能力をもっていたのがシャーマンであった。

「医」の旧字は「醫」である。この字の上の部分は、呪器の矢でもって病魔を追い払うことを意味した。下の部分の「酉」は、その呪儀に酒を用いることを意味する。つまり「醫」

は、シャーマンによる呪術的な医療儀礼をズバリ表す表意文字であった。

自然に内在する精霊が万物を動かすとされたアニミズム思想では、「心」と「身」は一体化してとらえられることなく、二元論的にとらえられていた。すなわち、他の動物と違って、この人間の成り立ちの根本は、「タマ」「タマシイ」、すなわち精霊が宿る「心」にあるとみられていた。「身」は、その「心」が宿っている容器にすぎない。「タマシイ」は、肉体から離れても生き続け、死んでからも不滅であって、祖霊を経て神霊になるとされていた。そして霊力が作用する「心」の状態は、「気」の動きによって左右される。大自然の生命力と通じる「気」の状態がよくないと、心身は「病気」になる。

すなわち、物怪（モノノケ）や鬼神と呼ばれた悪霊の働きによって、悪い「気」がとりつき、それによってまず「心」が、次いで「身」も悪くなると考えられていたのである。

このようなアニミズム的思考では、治療する者は、大自然の霊力に通じ、悪霊を祓う超能力の持ち主でなければならなかった。すなわち、凡俗のとても及ばぬ呪能で、悪い「気」を追い払い、傷つき病んでいる「心」と「身」を治すのである。

現代中国で盛んな「気功」も、深呼吸と体操によって気と血の巡りをよくして、病気を予防する方術である。そして不老長生の術を身に付けるためには、大自然の神々の霊気に触れる人里離れた深山に入って修養しなければならない。足腰を鍛えて「身」を頑健にする。そして大自然の霊気を身に浴びることによって、「気力」を高めるのである。この日本の歴史上で最初にそれを実践したのが、先に述べた役行者だった。伝来した道教系の巫術を体得した優れた呪能者であった。

このような呪能と本草学を併用した伝統的な医療法を用いたのが「ヤブ医者」であった。現代でも「ヤブ医者」という言葉はよく耳にする。そして、あまり腕前の良くない医者という意味で、「藪」の字を当てて用いられている。しかし、この「藪医者」は、その語法も意味内容も間違っている。

ヤブ医者の原義は「野巫医者」であって、藪医者は誤記である。正しく表記すれば「在野の巫医」である。この用語は古代中国で用いられ、孔子も「人にして恒《つね》無くんば、以て巫医を作《な》すべからず」と『論語』で述べている。恒は恒心《こうしん》であって、人間として常に保持しなければならない仁徳を指す。

古代では道教系の医者、中世後期から近世にかけては、その流れを汲む陰陽師や修験者系の治療者を「巫医」と呼んだ。市井の片隅で営業するヤブ医者は、「士農工商」に入らない呪術系として卑賤視されたが、民衆社会ではなくてはならぬ存在だった。

## 三　ヤブ医者の初見「豊国奇巫」

### 史料での医師の初見「豊国奇巫」

医師の史料上での初見は、五世紀中期に雄略《ゆうりゃく》天皇が病気になったとき、「豊国奇巫《とよのくにのくしかんなぎ》」を召し上げられた記事である。『新撰姓氏録』和泉国神別の「巫部連《かんなぎべのむらじ》」の項に、「雄略天皇の御躰《おみ》不予みたまう。因りて筑紫の豊国奇巫を召し上げたまいて、真椋《まくら》をして巫を率いて仕え奉らしむ」とある。その所伝は『続日本後紀』承和《じょうわ》十二（八四五）年七月条にもある。

この「筑紫の豊国奇巫」の治療によって天皇の病気が治ったので、それを賞して真椋大《おお》連《むらじ》に「巫部連」の姓を賜った。この巫部連の本貫地は和泉国の大鳥郡だった。この真椋なる者も渡来系で、各地にいる巫覡をよく知っていたので、豊国からわざわざ連れてきたのであろう。

ただし同条には、右の記事に続いて、巫部連という姓では、後世になって「巫覡の種」と疑われるので、改姓を申請し当世宿禰の氏姓を賜ったとある。なお『続日本紀』の天平勝宝《てんぴょうしょうほう》四（七五二）五月の条も、「官奴《かんぬ》」であった鎌取が公奴婢《くぬひ》の身分から解放されて、巫覡宿禰の姓を賜ったとある。巫覡系は朝廷に仕えていても、このように身分が低かった。

この「奇巫」は不思議な能力をもったシャーマンという意味であって、わざわざ北九州の豊国（のちの豊前と豊後）から呼び寄せたのだから、よほど優れた治療術を心得ていたのだろう。なお『続日本紀』文武《もんむ》天皇大宝三（七〇三）年九月二十五日の条にも、僧法蓮がその「医術」を褒められて豊前国野四十町を賜ったとある。

この「豊国奇巫」についての先駆的研究は、中野幡能『八幡信仰史の研究』（吉川弘文館、一九六七年）である。この九百ページを越える大著を一口にまとめることはむつかしいが、豊国の巫覡の始原には海神系のアニミズムがあり、そこへ朝鮮から道教と仏教が入ってきて複雑に混交した。在来系のシャーマンが神人となり、渡来系が巫僧となって、その習合体として「八幡神」信仰が成立したとする。医術に長じた法蓮も、僧体はしていてもその実体は「巫覡」であろう。

中野氏は、豊国にはもともと秦氏一族が広く分布していたから、この「豊国奇巫」は新羅系のシャーマンであろうと推定している。豊前国田川郡の「香春神《かわらのかみ》」は新羅国神といわれ、その祭祀集団は秦氏であった。その司祭者の赤染《あかぞめ》氏は常世神《とこよのかみ》を信仰し、常世連と呼ばれていたと中野氏は言うのだが、この指摘は重要である（この『八幡信仰史の研究』は、この列島におけるシャーマニズムの成立史に関する地域研究としては画期的な労作である。八〇年代初頭に、古表・古要の両社をはじめ宇佐八幡の祭礼に奉仕する傀儡子芸の調査に北九州の各地を何回か訪れたが、その際に現地で中野氏にいろいろご教示をうけた。なお北原散所など近世に入って人形芝居に進出した集落は、その多くが陰陽師系であった）。

## 古代律令制と医薬道

古代日本の医療制度は、律令の「医疾令」によって定められた。その担い手は先進的な学術をたずさえて、中国・朝鮮からやってきた渡来系の人々であった。それも道教を学んだ者が多かった。上流の貴族は、ケガレとされている死・産・血に直接関わる医療に、従事しなかった。

八〇八年に侍医の出雲広貞《いずものひろさだ》と典薬頭だった安倍真直《あべまなお》によって、『大同類聚方《だいどうるいじゅうほう》』百巻が編集された。そして九八二年に『医心方《いしんぽう》』三十巻を編纂したのが、丹波康頼《たんばのやすより》だった。いずれも中国の医薬の古文献に通じていた優れた学者だったが、渡来系の医師だった。

丹波氏は、『新撰姓氏録』左京諸蕃上によれば、後漢の霊帝を祖と称する渡来氏族で、東漢《やまとのあや》氏系であった。東漢氏は、応神朝に朝鮮南部の加羅から渡ってきた阿知使主《あちのおみ》の子孫で、奈良県高市郡明日香村を本拠地とした豪族である。なお丹波氏は、名門の医師として代々朝廷に仕え、その子孫が典薬頭を世襲した。

さて、八世紀初頭にヤマト王朝は律令制を定めたが、そのなかに「医疾令」がある。これは唐の法制のコピーであって、実質的には空文の部分も多かったのではないかと推定されている。

この「医疾令」をみて、まず気がつくのは、医師の身分は意外に低いことだ。天皇・中宮・東宮などの最も身分の高い皇族の診療を担当する内薬司《ないやくし》の侍医でも、正六位以下である。すなわち中級の官吏である。天皇・東宮などに仕える最高位の侍医でも、貴族には叙せられなかったのである。

律令官位制では、三位以上が〈貴〉、四位・五位を〈通貴〉と呼び、貴族として優遇された。ところが、朝廷官人の医療を担う「典薬寮」では、医博士・医師は七位である。そして、按摩博士・薬園《やくえん》師・鍼《はり》師などは、すべて最下級の八位である。

注目されるのは、「安胎産難・創腫・傷折・鍼灸《しんきゅう》」を役務とする女医である。彼女らの役務が、産穢《さんえ》・血穢《けつえ》と直接関わる仕事であることは言うまでもない。そして彼女らは、官に直属する賤民の「官戸《かんこ》」と「官婢《かんぴ》」から選ばれたのである。すなわち、賤民である彼女らから十五歳以上、二十五歳以下の聡明な女性三十人を選んで、毎月試験をして女医に任じたのである。そのように令にある。

十三世紀に入ると、典薬頭を世襲していた丹波家の長直が三位に叙された。昇殿を許されない地下官人であった医官が、初めて殿上人となった。しかし、位階が高くなっても、「医《い》陰《おんのやから》輩」と称される医道・陰陽道の技術者集団の頭目にすぎないとみなされていたから、一般の殿上人とは別格とされた。

当時の医師は、貴族の目から見れば、「道々の者」として卑賤視されていた職人集団の一員にすぎなかった。つまり、「道の人」とされていた「職人」「商人」「芸能者」と同類とみなされていたのである。

## 『職人歌合』に出てくる「医師」と「陰陽師」

中世に入ると、密教系の僧侶、呪術的民間信仰にたずさわる「巫《かんなぎ》」、それに卜占《ぼくせん》・祈禱をやる修験者（山伏）が、病める民衆の願いに応えて心身治療に従事した。在野の陰陽師も、邪神や鬼神にとりつかれて衰弱している「気」を回復させるために、伝統的な秘術をもって民衆医療の分野で活動した。

彼らは病魔退散を祈禱するとともに、古くから在地社会で伝承されてきた漢方治療を併用した。彼らは山野を渡り歩くので、薬用になる動植物・鉱物に関する本草学《ほんぞうがく》にも通じていた。各地を渡り歩くので、情報収集のネットワークをもっていた。定住している農耕民は、とてもそのような技能を習得することはできなかった。

鎌倉時代には医療で生計を立てる者が出てきたが、彼らは定住せずに諸国を歩く「旅医者」だった（『病草紙』）。その多くは在野の修験者や民間陰陽師だった。お産の手助けをしたのは、アルキ巫女《みこ》系の漂泊民であった。

鎌倉時代初期の作とされる『東北院職人歌合』では、十種類の職人が出てくる。その十種は「医師・陰陽師」「鍛冶・番匠」「刀磨・鋳物師」「巫・博打《ばくうち》」「海人・賈人《こじん》」である。海人は漁師で、賈人は商人だ。

室町期の『七十一番職人歌合』は、社会の底辺層が従事した職種の総覧とも言える歌合でまことに興味深いが、総計百四十二の職人が出てくる。その三十四番として「医師・陰陽師」が入っている。貴族の目からすれば、古来からの「巫医」「呪医」の流れもあって、医道と陰陽道を同列にあげて、卑賤の職人の仲間とみなしていたのである。

これらの歌合は、その頃卑賤視されていた「道々の者」をネタにして、貴族たちが歌の会で作った戯れ歌であり、狂歌集の一種である。当時の朝廷貴族が、医者の社会的身分をどのように認識していたのか、それを象徴する興味深い史料である。やはり医者の源流は、おどろおどろしき巫術の系譜に連なるとみられていたのである。

## 近世医学の三系統

近世の医学は、大ざっぱに言えば、次の三系統に大別される。

Ⅰ　中国・朝鮮から伝わった漢方医学（今日の東洋医学）
Ⅱ　十六世紀中期からのキリシタン渡来によって西洋から導入された蘭方医学
Ⅲ　民間に流布していた在野の巫術系医学（＝ヤブ医者）

朝廷に仕えた官医は、先にみた丹波家であった。江戸幕府は、儒医・僧医の系譜に連なる漢方医学を公認していた。幕府の医師養成の「医学館」もすべて漢方医であった。西洋医学を修得した蘭方医が、将軍家の奥医師として初めて登用されたのは安政《あんせい》五（一八五八）年である。

近世では、医師になるのに特に資格は問われなかった。免許試験などはなかった。だが、医療は死・産・血の三不浄にかかわり、甲→乙→丙とケガレが伝染するとされた「触穢」の問題があるので、支配階級から進んで医者になる者はあまりいなかった。儒医にせよ僧医にせよ、そのオモテ看板は、あくまで儒学者であり、僧侶だった。

多くの門弟を抱えていて信用のある開業医にかかるのは、かなりの出費が必要だった。しかも腕前が良くて名声のある開業医がいるのは、人口の多い都市部に限られていた。したがって民衆の多くは、低廉で気安く通えるヤブ医者の世話になった。

近世の被差別部落とその周辺に、かなりのヤブ医者がいたことは数多くの史料で明らかになっている。特に金沢藩では「トウナイ」と呼ばれた賤民層が医師となった。

杉田玄白は、オランダ語訳本である『ターヘル・アナトミア』を入手して前野良沢らと和訳にかかり、安永《あんえい》三（一七七四）年に『解体新書』を刊行した。その際に小塚原で刑屍の解剖に立ち会って、「えた」身分の老人にいろいろ教えてもらったが、晩年の『蘭学事始』で「すこやかな老人」であったと感想を述べている。

# 第五章　陰陽師の家譜をめぐって

## 一　安倍晴明系と蘆屋道満系

### 古代民間信仰と巫術

安倍晴明家の直系である土御門《つちみかど》家が、幕府から陰陽師支配の権限を認められたのは一六八三（天和《てんな》三）年である。しかし、その頃は民間陰陽師の業態もさまざまであって、全国に散在している数多くの陰陽師をすべて掌握することは不可能だった。

現存する史料では、土御門家が朝廷から諸国陰陽師支配としての許可を得たのは一七四四（延享《えんきょう》元）年であった。土御門家の権限を認める全国的な触れ流しが、幕府によってなされたのは一七九一（寛政《かんせい》三）年である。

近世に入って、万歳などの祝福芸を演じ、祈禱や厄払いなどをやりながら村里を回ったのは、民間陰陽師だったが、彼らのなかには、もともと蘆屋道満系と名乗っていた者が少なくなかったと思われる。「庚申待《こうしんまち》」「方忌《かたい》み」「方違《かたたが》え」「呪符《じゅふ》」「かまどばらい」「物忌《ものい》み」など、近世の民間陰陽師が説いて回った呪術的な禁忌・タブーは、民衆の日常生活に大きい影響を与えた。そのことは第一章でみた〈ケガレ・ハライ・キヨメ〉の問題につながる。

近世の時代に入ると、「宗門改」制度において賤民が別帳化され、さらに死穢・産穢をはじめとしたケガレと服喪に関する「服忌令《ぶっきれい》」が、幕府によって全国的に公布された。それにつれて、民衆社会にも広くケガレ観念が浸透していったのであるが、それとともに、民間陰陽師の出番も増えていったのであった。

民間信仰において、もうひとつ指摘しておかねばならないのは、山伏と呼ばれていた修験者たちである。中世の修験道は、しだいに真言・天台の密教系仏教の支配下におかれていったが、辺境とされた地域では、近世に入っても、有史以前からの「巫覡」に連なるシャーマン系の山伏が残存していた。そのような修験者の一部は、陰陽道とも習合して「行者《ぎょうじゃ》」と呼ばれていた。この問題に最初に目を付けたのが柳田國男の『毛坊主考』であった。

各地方で今に語り継がれる陰陽師の話は、もちろん晴明伝説が圧倒的に多い。だが、播磨以外でも道満伝説がいくらか伝わっている。特に播磨と歴史的にも関わりの深い吉備地方にも多いことは注目される。この問題については高原豊明の労作『晴明伝説と吉備の陰陽師』（岩田書院、二〇〇一年）を参照されたい。

志摩（現・三重県）に伝わるドーマン伝説も興味深い。海女が海に潜るときに付ける磯手拭いに、海中に潜む悪霊を避けるために、つまり「魔除け」としてドーマン・セーメーと呼ばれる呪符を縫いつけていたのである。岩田準一の労作『志摩の蜑女《あま》』（アチック・ミュージアム、一九三九年）で詳しく紹介された（一九七一年に子息によって『志摩の海女』と改題して自費出版されたが、絶版で入手困難。なお岩田準一は柳田國男と親交があった）。

## 二　信頼できない家譜・系図

### 『尊卑分脈』と安倍家の系図

安倍晴明はその出生を含めて前半生は謎に包まれていて、なんとか史料でたどれるのは、後半世の三十数年だけである。陰陽道家として名を成すまでのいきさつを立証する史料はない。今日語られている晴明伝は、土御門《つちみかど》家として陰陽道家の旗頭となったその子孫たちの働きかけによって、後世に造作されたものだ。

そもそも晴明はどのような家系で生まれ、どのような環境で育ったのか。なぜ人にすぐれた呪能の持ち主になったのか。本当にそのような呪能があったとするならば、それは何に由来するのか。

よく引用されている安倍家・賀茂家の系図は、室町時代に洞院公定《とういんきんさだ》（一三四〇～九九）によって編纂された『尊卑分脈《そんぴぶんみゃく》』を典拠にしている。朝廷に仕えた諸家の系図の集成で、姓氏家系を調べる際には重要な史料であるが、原本は散逸し、現存の書写本には後人の追補・改訂が多いとみられている。つまり、信用できない部分が多いのだ。

洞院家は、藤原氏北家につながる西園寺家の庶流であって、天皇家との血縁関係も深い名門の公家だった。この諸家の系図を編んだ公定も左大臣に任じられたが、なかなかの博学で『公定公記』と題した日記を残している。応安《おうあん》七（一三七四）年五月三日の条のなかで、『太平記』の作者とされる小島法師の死を伝えて、「卑賤之器だったが名匠として世に知られ、その死はまことに無念である」と書いている。

しかし、いかに博学博捜の洞院公定であったとしても、収集した諸家の系図を古記録・古文書と照合して、いちいちチェックすることは不可能である。自ら調査して、独力で新たに編纂することも難しい。何人かの助手を抱えていたとしても、既存の系図を収集して、それを修訂したにすぎないと考えられる。

そもそも名門家の系図は、その家系がいかに貴種に連なるかを証するために政治的に偽作されたものが多い。安倍晴明の場合は、奈良時代の天武・持統朝の頃に活躍して右大臣となった安倍朝臣御主人《みうし》（六三五～七〇三）を祖とする家系を載せているが、これが信用できないことはよく知られている。したがってこの『尊卑分脈』に記された陰陽家安倍氏の系図も、そのまま鵜呑みにできない。

そのことは後で再論するが、晴明が史料で出てくるのは天文得業生《てんもんとくごうしょう》で、そのとき四十歳だった。このポジションは今流に言えば大学院のレベルであって、奈良朝からの名門貴族である安倍氏の出身としては、あまりにも出世が遅すぎる。

その頃は、有名な家系の出でない中・下級の官僚は、名門貴族の名を仮冒《かぼう》して、その出自や系譜を造作する風潮が広く見られた。それをチェックするために、朝廷は畿内豪族に命じて、それぞれの系譜を提出させていた。それが八一五年に成立した『新撰姓氏録』である。

## 安倍氏・阿閉氏・宍人氏

今に伝わる安倍晴明の系図では、『日本書紀』にもよく出てくる大和の豪族の安倍氏の出であるとしている。安倍氏は阿倍氏とも表記されるが、奈良朝後期には、阿倍（安倍）を名乗る諸氏が畿内の各地にいた。

陰陽家として知られた安倍家には、そのなかでも安倍布勢《ふせ》系で従二位右大臣となった安倍御主人《みうし》を直接の祖として、その八代目を晴明とする系図が残されている。

『尊卑分脈』『安倍氏系図』ではそのように記されている。だが、これらの系図は陰陽師晴明の名が広く知られるようになった平安時代後期の頃に造作されたものである。つまり、信用できない家譜なのだ。

六世紀ごろからヤマト政権の有力氏族として活躍した安倍氏の本拠地は、大和国十市《とほち》郡安倍（現・奈良県桜井市安倍）であった。今は廃寺になっているが、そこに安倍一族の氏寺の安倍寺があった。

　安倍氏の「姓《かばね》」は、初めは臣《おみ》であった。「姓」はヤマト政権下の古代豪族がその社会的地位を示すために世襲した称号で、臣―連《むらじ》―造《みやつこ》―君《きみ》―直《あたい》―史《ふひと》、さらに県主《あがたぬし》―村主《すぐり》など数十種あった。安倍氏のカバネが臣だったことは、大王家（のちの天皇家）の側近で、その権勢がかなりのものであってあったことを意味している。天武天皇十三（六八四）年に「八《や》色《くさ》の姓《かばね》」が制定されて、それまでのカバネが〈真人《まひと》―朝臣《あそん》―宿禰《すくね》―忌寸《いみき》―道師《みちのし》―臣―連―稲置《いなぎ》〉の八種に整理統合された。そのとき中央の安倍氏は上から二番目の朝臣《あそん》となった。

　『紀』によれば、安倍氏は、膳《かしわで》氏・宍人《ししひと》氏・阿閉《あへ》氏とともに大彦命《おおびこのみこと》を共通の祖としている。大彦命は第八代の孝元《こうげん》天皇の皇子で、崇神《すじん》天皇の時の四道《しどう》将軍のひとりとされているが、もちろん伝説上の人物である。この大彦命を祖と称える一族は、『新撰姓氏録』から拾ってみても、先述の安倍臣・膳臣・阿閉臣をはじめ、布勢・宍人・高橋・日下《くさか》・杖部《はせつかべ》・大戸《おおべ》などさまざまの氏姓がある。

　特に注目されるのは、大彦命の後裔と言い伝える氏族に、三宅人・吉志（吉士）・音太《おとは》部《べ》・難波《なにわ》など明らかに渡来系とみられる家系が多いことである。これらの一族はいずれもカバネのない「無姓」であって、いわば群小氏族集団である。

後で再論するが、私は、安倍晴明はこれらのカバネがなかった群小氏族の出身ではないかと考えている。もちろん安倍氏の本系とは血脈関係はないのだが、広い意味では安倍氏の分流を称した氏族の後裔であって、その末端に連なるから、丸ごと詐称《さしょう》ということにはならない。

ところでもうひとつ注目すべきことがある。安倍氏とその同族とみなされている膳氏・宍人氏・阿閉氏は、いずれも大王の食膳・調理を担当する宍人部を管掌していた伴 造《とものみやつこ》の出であって、数多い宮廷儀礼の際に饗宴をつかさどる役務に就いていたとみられる。

宍人部は、鳥獣の肉の調達を職務としていた。宍人部は大和国の宇陀郡・添上郡をはじめ、山城・駿河・伊豆・武蔵・越前など諸国に分布していたが、鳥獣の肉をさばいて料理するのだから、やはり狩猟民の系統だったのではないか。その部民の多くは、鳥獣の多い山深い里にいたのであろう。

阿閉氏は、もともと伊賀国阿拝郡（現・三重県阿山郡阿山町・伊賀町など）を本拠地とした地方豪族だった。伊勢湾の方面へもその勢力を伸ばし、海産物の貢納を担う磯部（伊勢部）に編戸された漁労民を統轄していた。倍も閉も乙類の「へ」で同音であって、安倍・阿閉の氏名もこの「饗《あえ》」に由来する。

## 安倍氏の先祖は渡来系か

安倍氏は軍事・外交面でも活躍している。特に朝鮮への軍事行動では、斉明《さいめい》・天智朝の安倍引田臣比羅夫《ひけたおみひらふ》・奈良朝の安倍朝臣駿河・同家麻呂《いえまろ》らが活躍している。『紀』によれば、遣外使節に任じられ、あるいは外交使節の接待に当たった者も少なくない。ここでは立ち入らないが、膳氏・阿閉氏も朝鮮への軍事出動や外交に関わっている。

このように安倍氏は、百済・加羅を中心に、軍事・外交面でヤマト政権に重用されていた。詳しいことは分からないが、かなり早い時期に、たぶん弥生時代後期の頃には、倭《やまと》（大和）に入ってきて定住するようになった渡来系であったと思われる。縄文時代から定住していた在来系であった可能性は少ない。同族に宍人氏・阿閉氏がいたことから推定すれば、もともとは山民・海民系の狩猟・漁労をやっていた一族だったのではないか。

安倍氏の先祖が渡来系であったとするもう一つの傍証は、朝鮮南部の加羅からの渡来人である「吉士《きし》」集団との深い関わりである。吉士氏についての最初のまとまった研究は三浦圭一の「吉士について」である（『日本史研究』三四号、一九五七年）。吉士の一族の出自は水夫集団とされ、その航海と操船の能力が評価されて、海上交通の要路を管掌するようになった。そのところで安倍氏は、朝廷の最も重要な儀式である大嘗祭において、吉志舞《きしまい》を奏した。そのことは『北山抄《ほくさんしょう》』（巻五大嘗会事条）に次のように記されている。

次ぎに安倍氏、吉志舞を奏す（五位以上これを引いる。床子などを設くること、前の如し。高麗の乱声《らんびょう》を作《な》す。而して進みて舞う者は廿人。楽人廿人。安倍、吉志、大国、三宅、日下部《くさかべ》、難波らの氏供奉《ぐぶ》す）。

安倍以下に名を連ねている諸氏は、いずれも『新撰姓氏録』では「皇別」を名乗っているが、政治・外交の分野での活躍ぶりをみても、もともと渡来系であったと思われる。

『新撰姓氏録』の摂津国「皇別」には、吉志・三宅人《みやけひと》、河内国日下連《くさかのむらじ》・難波忌寸《なにわのいみき》・難波吉《き》士《し》――この五氏が「吉士」系氏族として本系を掲げている。ついでに付言しておくと、三宅を名乗る氏族は畿内を中心に各地にいたが、『日本書紀』の垂仁《すいにん》天皇の条では、三宅連《みやけのむらじ》の始祖は新羅の王子だったアメノヒボコだったとされている。

## 三 「吉士」系の海民集団

### 渡来系の群小氏族

これらの吉士系集団は、安倍氏と同じく大彦命《おおびこのみこと》を祖として「皇別」と称している。先にみたように大彦命は、第八代天皇・孝元天皇の長子とされているが、この天皇が実在したとする史料はどこにもない。その長子と称する大彦命が実在したとは考えられない。

八世紀から九世紀にかけて、カバネのなかった群小氏族が朝廷に抱えられて『新撰姓氏録』にその家系譜が載せられるようになるが、その際に大彦命を祖とする伝承を造作したのであろう。

渡来系の群小氏族も、その社会的活動の拡がりにつれて位階が昇進してくると、その多くが本来の始祖伝承を捨てて、大彦命を祖とする「皇別」を名乗るようになった。つまり、仮《か》冒《ぼう》であり造作された系図を本系帳として提出したのである。

吉士氏についての最近の研究では、加藤謙吉の労作『吉士と西漢氏《かわちのあやし》』（白水社、二〇〇一年）が注目されるが、これまで発表された吉士氏研究をこまかく分析しながら、「吉士集団が加耶系渡来人により構成された公算は大きい」と結論している。私も彼らの先祖は加羅系の海民で、それも朝鮮半島南端の多島海が、もともとの根拠地だったのではないかと推定する。

彼ら海民系は、早くから九州に渡り、さらに瀬戸内に入ってきて海運で活躍した。平野部に入って農耕民として定住するよりは、先祖伝来の海運で生きる道を選んだ。

儒教思想を背骨とする古代中国の身分制では、交通・運輸・水産に従事する海民の地位は低かった。律令制を取り入れて成立した朝鮮諸国の身分制も、そのような海民を農民より下位とする思想を根幹としていた。

彼ら吉士集団が、古墳時代からヤマト政権の一翼だった畿内の豪族と格差を付けられていたのは、このような背景があったのではないか。

吉士の氏名は、古代朝鮮における首長に由来し、新羅では官位十七等の第十四位が吉士である。自分たちの本拠地であった地名に吉士を付けて、それを氏族名とした同族が多いが、有名なのは摂津の難波を本拠地とした「難波吉士《なにわのきし》」と、紀伊国日高郡にいた「日鷹吉士《ひだかのきし》」である。雄略七年に日鷹吉士堅磐《かたいわ》が百済に遣わされたのを初見として、六世紀から七世紀中頃まで、『紀』には吉士氏一族が朝鮮との外交折衝に当たっている記事が多出する。

安倍氏と吉士氏を名乗る海民集団との関わりは、共に朝鮮との外交に当たっている間に生じたと考えられる。難波吉士氏は天武十（六八一）年正月に難波連《むらじ》に改賜姓し、同十四年六月に忌寸《いみき》、さらに弘仁《こうにん》四（八一三）年二月に宿禰《すくね》姓になった。その政治的、社会的活動が評価されるにつれて、そのカバネも連→忌寸→宿禰と上昇していったのである。そのようにカバネが昇進すれば位階も上昇するのだが、その位階に対応した官職に就くのが律令官僚制の原則だった。

このように活動を拡げていく過程で、その渡来人としての出自伝承を改編していったのであろう。そして吉士氏集団は、安倍氏の分流を名乗り、その同族関係ゆえに「皇別」であると家系図で主張するようになったのではないか。

難波吉士の同族に「難波薬師《くすし》」がいた。天平宝字《てんぴょうほうじ》二（七五八）年に難波連の氏姓を賜ったが、そのときの奏上文によれば、遠祖の徳来は高句麗人で雄略朝に百済から渡来したとある。一族には、難波吉士奈良・広名・広成など、医薬の道に関わった官吏が多いが、『新撰姓氏録』の右京諸蕃下に高句麗好太王（広開土王）の後裔とある。

## 阿倍野は晴明誕生の地か

大阪の阿倍野は、晴明誕生の地として伝えられる土地のひとつである。私も有力な候補地だと思う。

この阿倍野には、四天王寺式伽藍《がらん》配置を残す阿倍寺（廃寺）があった。四天王寺とゆかりの深かった阿倍倉梯麻呂《くらはしまろ》との関わりがまず考えられる。だが、先にみた難波吉士氏との関連も捨て切れない。その当時の地形の復元図を見ても、難波津と阿倍野は徒歩でも二キロほどの近さで、海岸沿いに船でも往来できた。したがって、難波吉士氏一族の政治的、文化的な影響力が及んだ土地と考えられる。

阿倍氏は、大化《たいか》五（六四九）年に左大臣だった阿倍倉梯麻呂臣が死んで、阿倍氏の正系は途絶えた。奈良県桜井市にある安倍山文殊院のすぐ前に安倍寺跡があるが、一九六五〜六九年にかけての発掘で、この寺は倉梯麻呂が建立したという寺伝に合致することが分かった。

近世に入ってから、晴明誕生の地とされ、晴明の木像が祀られるようになったが、もちろんそれを実証する史料は何も残されていない。

正系が絶えてから、安倍氏は安倍内・安倍引田・安倍布勢・安倍久努・安倍狛《こま》・安倍渠《こ》曽部《そべ》らの複姓を名乗る数系列の枝氏に分かれた。

その後安倍氏一族の再編がはかられ、引田系だった安倍比羅夫《ひらふ》は、水軍を率いて東北の蝦夷の地まで遠征し、六六一年の百済救援軍の後将軍となった。

布勢系から出た安倍御主人《みうし》は、天武天皇の葬送と持統天皇の即位に際する儀礼では重要な役割を果たし、大宝《たいほう》元（七〇一）年に右大臣となった。その子の広庭《ひろにわ》は、天平四（七三二）年中納言従三位兼催造宮長官・知河内和泉等国事に任じられた。

先にみたように、安倍御主人に始まり、安倍晴明に至る家系図は、『尊卑分脈』『安倍氏系図』で知られている。〈御主人—広庭—嶋丸—糠虫《ぬかむし》—道守—兄雄—春材—益材—晴明〉と続くのだが、春材・益材の名は他の史料には全く出てこない。やはり造作された系図であることは間違いない。

晴明は、天徳《てんとく》四（九六〇）年に天文得業生《てんもんとくぎょうしょう》として、初めてその名が『中右記』に出てくる。そのとき四十歳とされている。得業生は大学寮・典薬寮・陰陽寮に置かれた上級コースの学生で、まだ一人前の官人ではない。

晴明は四十歳で、まだ一介の天文得業生だった。それまでの半生は判然としないのだが、畿内の名門氏族の官吏登用のルートからすれば大変遅い。陰陽寮の官人である「陰陽師」になったのは五十歳を過ぎてからとされている。晴明が官吏になるまでにかなりの曲折のあったことがうかがえるが、それを物語る史料はない。

このようにみてくると、晴明は、御主人を祖とする名門の安倍氏の直系ではなく、その周辺にいた安倍系の枝氏の出ではないか。奈良朝からの名族の出ではなかったがゆえに、学生

↓得業生になるのも遅れたのではないか、そのように私は考える。

私の勝手な推測で言えば、晴明の家系は、阿倍野とゆかりのあった難波吉士氏か難波薬師《くすし》氏の系列ではないか。吉士氏の出身地であった朝鮮南部の海岸地方は、古くから「巫覡」が活躍した地域で、今でもムーダンと呼ばれるシャーマン系の巫術がみられる。

## 四　わが家の周辺にみる渡来人の足跡

### 河内国・和泉国と渡来人

私はいま、昔流の国名で言えば、河内国と和泉国の国境にある狭山丘陵《さやまきゅうりょう》（現・大阪狭山市西山台）に住んでいる。この草稿を書いている部屋から東のほうを眺めると、真正面に葛城山《かつらぎさん》と金剛山《こんごうさん》が見える。いずれも一〇〇〇メートル級の高峰で、大和国（現・奈良県）と河内国（現・大阪府）の国境にそびえている。

その峰続きになるが、なだらかな稜線をたどりながら西側に目を移すと二上山《にじょうさん》の雄岳と雌岳だ。こちらは五〇〇メートル級でそんなに高くないが、『万葉集』でよく歌われている名山である。

古代の頃は、この三つの山を合わせて葛城山と呼ばれていた。七世紀末の山岳修行者・役行者は、その山裾にあった大和国葛木上郡《かつらぎかみのこおり》茅原《ちはら》（現・奈良県御所市）で生まれ、毎日のように葛城山に登って修行した。その行場跡が散在している山々が、二階の窓からよく見える。その山脈《やまなみ》を見ながら、私はいつもペンを走らせている。

「役行者」は、後世になって、山岳修行の先達として広く知られるようになり、わが国の修験道の開祖とされた。アニミズム思想では、ヒトの魂の古里は海か山であって、死せば再び海か山へ帰っていくと考えられていた。

そういう山岳信仰を基盤として、それに中国大陸から伝わった道教的な神仙道《しせんどう》、さらに仏教を通じて入ってきた雑密系の呪法も加わって、この列島における修験道が形成されていった。山岳修行によって超人的な験力を身に付けた役行者は、修験道のパイオニアとなった。

## 狭山丘陵から和泉へ

私の部屋から南を眺めると、和泉《いずみ》の山々が見える。車で三十分ほど走れば、和泉丘陵の南端にある聖《ひじり》神社である。この古社の森が、『枕草子』にも歌われている信太《しのだ》の森だ。

室町時代から語り継がれてきた説経節『信太妻』は、安倍晴明の生誕秘話としてよく知られている。晴明はその森に棲んでいた狐が産んだ子とされていた。だが、一九六〇年代に近くに住宅団地ができて、狐は姿を消してしまった。

今では信太の森に入っても狐の姿を目にすることはないが、安倍晴明を産んだとされている白狐は、今日も聖神社の氏子だった村人たちの伝承のなかに生きている。

私の住んでいる狭山丘陵を下ったところに、わが国最古の灌漑池・狭山池がある。一九八八年から大改修にともなう発掘調査がなされ、新発見が相次いだ。その成果は、新設された府立狭山池博物館に表示されている。この池は、水量調節のために桶管を敷設したダム式の溜池だった。当時としては最新式の溜池で、優れた土木技術を開発していた渡来系の人々によって造られた。

おそらくすぐ近くの河内国丹比郡野中郷（現・大阪府藤井寺市野中）を拠点にしていた船《ふね》氏《うじ》の一族が請け負ったのではないか。野中寺は船氏の氏寺である。船氏は、六世紀中頃に、朝鮮半島の最南部にあった百済からやってきた王辰爾《おうしんに》を祖とする。

八世紀に入って、河内平野一帯に水を供給するために、この巨大な池の改修工事が行われた。そのリーダーが行基《ぎょうき》（六六八〜七四九）だった。池のほとりに『延喜式』の神名帳に出てくる狭山神社がある。この辺りは私の散歩道なのだが、古木に囲まれたその境内に、行基が足を洗ったとされる古井戸がある。王仁《わに》系の渡来氏族の子孫であった行基の生家・家原《えばら》寺も、私の家から六キロほどでそんなに遠くない。

## 葛城古道と賀茂役君

わが家のある高台から東の方を遠望すると、金剛・葛城・二上の山脈が一望できる。二上山の右手に、最古の国道である竹之内街道が、細い一条の線となって見える。金剛と葛城の間には、これも古い由緒のある水越峠が走っている。標高七〇〇メートルの峠を越える七曲がりの難路だったが、十年前に全長二三〇〇メートルの水越トンネルが完成したので、私の家から車で走れば三十分もあれば大和に入れる。

この水越峠を越えると、大和側の二上・葛城・金剛の裾野を走る道が「葛城古道」だ。この辺りは古代の豪族だった葛城氏の居住地だった。『古事記』『日本書紀』の「雄略紀」に出てくる葛木坐一言主《かつらぎにいますひとことぬし》神社をはじめ、古文献にみえる古い寺社があちこちにある。

奈良時代といえば、飛鳥文化・白鳳文化で知られている「飛鳥」(明日香)村が有名で、年間約二百万人が訪れる。だが、この葛城古道を訪れる人は比較にならぬほど少ない。しかしこの古道の周辺も、飛鳥に劣らぬ古代史の宝庫である。

休火山である二上山の山麓一帯はサヌカイトの原産地であり、六十数カ所の遺跡があって畿内では最大の石器製造所だった。縄文時代の遺跡も、竹内遺跡(現・奈良県葛城市竹内)をはじめいくつかある。縄文前期から晩期まで、居住区を移動しながら営まれてきた拠点集落である。

葛城古道の周辺には、『記』『紀』の「神武天皇東征」伝説に出てくる先住民の「土蜘蛛」「国栖《くず》」にまつわる遺跡も散在している。

この辺りには、「役行者」として知られた役小角《えんのおづの》の行場《ぎょうば》があちこちに残っている。この辺の山々は日曜ごとによく歩き回った。ちょっとした峰には、あちこちの岩場のくぼみに役行者の行場跡とされる石積みの小さな祭り場があった。近世の時代からであろうが、山伏が石で護摩《ごま》壇を設けて、護摩木を焚いて祭祀をやった跡がそのまま残っていたので、すぐそれと分かった。

役行者は、修験道の開祖としてその名を残したが、役《えん》の一族は、葛城山麓の賀茂《かも》氏に仕えていた。『続日本紀』の養老三（七一九）年七月の文末に、賀茂役君《かもえのきみ》の名が出てくるが、役氏の子孫である。

## 須恵器を生産した「陶邑」

さて、狭山丘陵を西側へ下れば、古代ではすぐ海だった。わが家の裏山を少し掘れば、今でも貝殻が出てくる。この丘陵地は、古墳時代後期から、土器の生産が盛んだった地域だった。陶邑《すえのむら》という『日本書紀』に出てくる地名が、今もそのまま残っている。隣接する和泉の丘陵地帯にかけて、当時の登窯《のぼりがま》の跡が千基以上も発掘されている。その須恵《すえ》器の生産を担ったのは、百済から渡来した人々であった。

ところで、私の家から丘を南に下ると古い高野街道が走っている。ずっと南に下っていくと高野山に至る旧道だった。その道端には、地蔵さんや八幡さんなど小祠があちこちにあり、今でも旧村の人たちがお花や線香をあげている。いずれも近世の時代からの古い石造物で、かつての高野詣でで賑わった街道だった。戦後に国道が併行して新設されたので、今はさびれて往時の賑わいはどこにもない。

その高野街道を自転車で十分ほど行くと、河内長野市に入るが、低い峠の道外れに「安倍晴明塚」がある。三十年ほど前にこの辺りを散歩していて偶然見つけたのだが、人家もない野原にポツンと石碑が建っている。

江戸時代は小高い塚で観音様を祀った小堂があった。そこで高野山に詣でる人たちを相手に辻占いの出店があったそうだが、戦争中に焼けてしまった。かつての「高野《こうや》聖《ひじり》」に連なる人たちがここの堂守をしていたのだろうか。

## 五　役行者と韓国連広足

### 役行者の弟子だった韓国連広足

よく知られているように、役行者は、弟子の韓国《からくにの》連《むらじ》広足《ひろたり》が訴え出たので、鬼神を使役して民を惑わす山岳呪術師として、朝廷に捕らえられた。そして伊豆に流された。そのことは朝廷の正史である『続日本紀』の文武《もんむ》三（六九九）年五月二十四日の条に記されている。

役行者については、『日本霊異記』『三宝絵』『本朝神仙伝』『今昔物語集』などの平安期の文献に記されている。しかし、その出自や生涯についてはよく分からぬところが多い。

役行者の伝記を修験道の始祖としてまとめた著述としては、平安末期から鎌倉初期の頃に書かれたと推定される『諸山縁起』（『日本思想大系』20、岩波書店）が注目される。そのなかの「金峯山本縁起」で次のように役行者を讃えている。

役優婆塞《えんのうばそく》は、大和の国葛城の上葛郡茅原郷の人なり。今は姓を改めて高賀茂と成るなり。藤の皮の衣を着、松の葉を食とし、花の汁を吸ひて身命を助け貯ふ。三十余年孔雀明王咒を誦し、難行苦行して大験自在なり。鬼神を追ひ聚《あつ》めて駆《か》り仕はしむ。吾が国に比《ならび》なし。

それまでの諸本では「妖術」でもって世間を惑わし、朝廷に捕捉された奇怪な呪術者として描かれている。ところがこの書では、役行者は、大唐では第三仙人、金剛山では法喜菩薩、金峯山では大聖威徳天、箕面《みのお》寺では竜基（滝本）の大聖不動尊として、それぞれ化現《けげん》したと物語られる。

この縁起では、役行者は十九歳で箕面山に籠って一千日修行し、二十二歳で熊野に入山したとする。その途中で、魔神から身を守る法を百済の香蔵《こうぞう》仙人に授けられたと伝えている。

さて、役行者の弟子であった韓国連広足であるが、その氏姓からみても渡来系氏族であることは確かである。

ところで、『続日本紀』延暦《えんりゃく》九（七九〇）年十一月十日の条に、その子で当時は外従五位下だった韓国連源《みなもと》は、次のように朝廷に改姓を願い出ている。「私たちはもともと百八十氏に分かれている物部氏の一族でした。ところが先祖の塩児が韓国へ遣わされた際に、使した先の韓国の名を賜わったのです」。そのように韓国氏の由来が記されている。

問題なのは、それに続く記述である。韓国連源は、次のように朝廷へ言上して改姓を請願しているのだ。

故《ゆえ》に物部連は韓国連を賜わる。然《しか》れば、大連の苗裔《すえ》は是れ日本の旧氏にして、今、韓国と号するは、還《かへ》りて三韓の今来《いまき》に似れり。唱導するに至りて、毎《つね》に人の聴《きき》を驚かす。地《ところ》に因《よ》りて姓を賜ふは、古今の通典《つうてん》なり。伏して望まくは、韓国の二字を改めて高原を蒙り賜はらむことを。

この一文では「三韓の今来」という言葉に注目したい。この文によれば、八世紀後半の桓《かん》武《む》朝では、朝鮮半島の三韓からの渡来人に対する差別意識がかなり拡がっていたことが読みとれる。「韓国」という姓を聞くと、人々はみな「三韓」から最近やってきた「今来の韓人」だと勘違いして驚くので、なにとぞ「韓国」という姓の改姓を認めてほしい。その出生の地によって姓を賜わるのが古今の通例なので、「高原」に改めたいというのだ。注目すべきは、

郵 便 は が き

お手数ですが
切手をお貼り
ください。

１０２－００７２
東京都千代田区飯田橋３－２－５
㈱ 現 代 書 館
「読者通信」係 行

ご購入ありがとうございました。この「読者通信」は
今後の刊行計画の参考とさせていただきたく存じます。

ご購入書店・Web サイト
書店 都道府県 市区町村

お名前《ふりがな》

〒
ご住所

TEL

Eメールアドレス

ご購読の新聞・雑誌等 特になし

よくご覧になる Web サイト 特になし

上記をすべてご記入いただいた読者の方に、毎月抽選で
５名の方に図書券５００円分をプレゼントいたします。

**買い上げいただいた書籍のタイトル**

**書のご感想及び、今後お読みになりたいテーマがありましたら書きください。**

**書をお買い上げになった動機**（複数回答可）

新聞・雑誌広告（　　　　　　　　　）　2. 書評（　　　　　　　）

人に勧められて　4. ＳＮＳ　5. 小社ＨＰ　6. 小社ＤＭ

実物を書店で見て　8. テーマに興味　9. 著者に興味

タイトルに興味　11. 資料として

その他（　　　　　　　　　　　　　　　　　　　　　　　）

入いただいたご感想は「読者のご意見」として、新聞等の広告媒体や小社tter 等に匿名でご紹介させていただく場合がございます。
可の場合のみ「いいえ」に○を付けてください。　　　　　いいえ

**社書籍のご注文について**（本を新たにご注文される場合のみ）

記の電話や FAX、小社 HP でご注文を承ります。なお、お近くの書店でり寄せることが可能です。

EL：03-3221-1321　FAX：03-3262-5906
ttp://www.gendaishokan.co.jp/

ご協力ありがとうございました。
なお、ご記入いただいたデータは小社からのご案内やプレゼントをお送りする以外には絶対に使用いたしません。

自分たちは「日本の旧氏」だと主張しているところだ。

朝廷はそれを認めた。後でみるように、「韓国連→物部韓国連→高原連」と二回にわたって改姓しているのだ。高原の地がどこなのか特定できないが、和泉国であることは間違いない。

全国的によく知られた名族の物部氏にかこつけて、韓国氏を物部韓国氏に改めたのだ。それをさらに高原氏に改めた。

## 道教に通じていた韓国連

先にみたように、六六〇年の百済の滅亡、六六八年の高句麗の滅亡のときに、多くの難民・流民がやってきた。王侯・貴族は「蕃客」として受け入れられたが、下層の民衆に対しては厳しい入国管理制度で対応し、戸籍では天皇の権威に服する「帰化人」とされた。

北東アジアの政治的情況の大きい転機となったのだが、そのような時代の流れとともに、七世紀後半以降に新しくやってきた「韓人」に対する賤視観が強まったのである。

ヤマト王朝も、遣唐使によって唐から先進文化を直接導入するように外交政策を切り替えた。したがって、旧三韓国に依存していた文物の導入ルートも重要ではなくなった。

このような政治的趨勢を見極めた物部韓国連は、先祖伝来の韓国の名を消して、高原という和名の家譜を造作したのである。「韓国」は「辛国《から》」「唐国《から》」にもつくるが、本拠地は和泉国和泉郡唐国《からくに》村であった。今も和泉市には唐国町が現存していて、私の家から二十分の距離だ。

話は少し戻るが、『続日本紀』天平四（七三二）年十月十七日の条によれば、朝廷に仕えてしだいに出世していった韓国連広足は「典薬頭」に任命されたが、そのとき外従五位下物部韓国連広足とある。韓国連が、物部韓国連になっているのだ。

典薬寮は朝廷の医療薬業部門をつかさどった役所で、医博士《くすしのはかせ》・按摩《あんま》博士・呪禁《じゅごん》博士がおかれた。その下に医師・鍼《はり》師・按摩師・呪禁師、および各科の術を学ぶ医学生《がくしょう》、薬草園管理者がいた。

医師は、薬草その他による医薬の業を修得した。鍼師は脈診・経絡・刺鍼《ししん》などの鍼灸の業を修得し、按摩師はマッサージや体操などの業を修得した。呪禁師は、呪術によって鬼神や病の元となる魔物を祓う呪術的治療の業を修得した。

当時の韓国（辛国）連について、『令集解《りょうのしゅうげ》』に引用されている大宝令の注釈書『古記《こき》』に、次のような記述がある。その僧尼に関する令文には、道教系の呪術的医療のことが書かれており、「道術・符禁（霊符を用いた呪禁）は道士《どうし》法を謂《い》う也。今辛国連これを行う」とある。道術は道教に基づく呪法であり、符禁は霊符を用いて行う呪禁であるが、これらの術は韓国連が専門にやっているというのだ。

このようにみてくると、韓国連の先祖は、「巫覡」を職能としていた渡来人だったと考えられる。それゆえにその一族のなかから、この広足のように役行者の弟子になった者が出たのだろう。

## 聖神社と信太首

さて、狭山から八キロも歩けば堺の大浜海岸に出る。子供の頃によく海水浴に行ったが、白砂青松のすばらしい海岸だった。晴れた日には淡路島がよく見えた。

だが今では、堺の臨海地区の工場群に遮られて海は見えないし、白砂はすべて消え失せた。私の家の裏山に登ると、そこから信太山《しのだやま》に連なる道が走っている。まだ豊かな自然環境がかなり残っていて、人家もない低い丘陵を越えると、もうそこは和泉の国だ。その途中に、和泉式部にゆかりのある小さい古びた社がある。

信太山丘陵の東端あたりに、古代からの式内社・聖《ひじり》神社がある。この神社は、十世紀の『延喜式』神名帳に記載されている古社である。神社の境内には、この地に定住した百済人の首長だった信太首《しのだのおびと》の墓とされる小さな古墳がある。

『新撰姓氏録』の和泉国「諸蕃」に、「信太首。百済国人。百千後也《ほくち》」とある。その先祖の百千は、『紀』の神功皇后六十二年の条に引用されている『百済記』にみえる百久至であろう。その聖神社のすぐ下を通っている狭い古道が、紀北を経て紀南の新宮に通じる熊野街道だ。

このように私の住んでいる河内・和泉の周辺は、弥生時代以降の渡来人にまつわる足跡が至るところに残されている。まさに「渡来人」の歴史と文化を研究する宝庫の地である。

# Ⅱ　いくつもの播磨へ

川上隆志

# 第一章　秦氏・播磨への道

## はじめに――「いくつもの日本」の視座から――

二十世紀の日本では、近代化の推進役として「ひとつの日本」志向が強固であった。それは政治においても経済においても文化においてもそうだった。マイナーなもの、メインの流れに反するものは、切り捨てるか隠蔽してきたのである。しかしそうした近代の行き詰まりが明確になった現在、必要なのは「ひとつの日本」から「いくつもの日本」への視座の転換である。それには「日本」に同化されてしまう以前の、この列島に育まれ、輝いていた文化の諸相を、丹念に掘り起こし、見直し、評価してゆくことが必要である。例えば赤坂憲雄は次のように述べている。

日本とは何か、日本人とは誰か、日本文化とは何か。いかにも古色蒼然とした問いではある。しかし、あくまで歴史的に問いかけようとするとき、それらがもはや自明なるものとして存在するわけではないことに、いやおうなしに気付かされる。それらは揺らぎのなかに投げ込まれ、ただ、抱かれるべき問いの群れとしてのみ存在する。根底からの日本像の転換こそが求められているのではないか。(シリーズ「いくつもの日本　第1巻」『日本を問いなおす』総論)

明治維新以来(あるいは近世日本の始まり以来と言ってもいいかもしれないが)、近代日本は「ひとつの日本」という幻想にとらわれ、その理念を支えとして、工業化、さらには情報化を推進してきた。しかし、今やその呪縛から解放されなければならない。切り捨てられ、黙殺されてきたさまざまの「いくつもの日本」の断片と痕跡を、さまざまなところからさぐり出していくことを、日本文化論の課題としていかなければならない。天皇、京都、東京といった体制に依拠し、大文字で語られてきた日本文化論に替わって、地域に視点を置き、多様な時間軸を設定し、価値の重層性を認めた日本文化論に書き換えられなければならないのである。

そのための方法論としてひとつの有力な示唆を与えてくれるのが、中沢新一の『精霊の王』である。これは「宿神」をめぐって芸能者の精神史を、ひいてはアジアに拡がる古層の神々の精神史を明らかにしたものである。稲作農耕をする常民に対し、その秩序を揺るがせ、文化のダイナミズムをもたらすものこそ芸能民であるとし、金春禅竹《こんぱるぜんちく》の『明宿集《めいしゅくしゅう》』を大胆に読み解く。そこに浮上する芸能民の精神史こそ、「いくつもの日本」の断片のひとつに違いない。

「宿神」の性格を中沢は次のように述べる。

今日、「日本文化」の特質を示すものとして世界から賞賛されている芸能と技術の領域を守り、そこに創造力を吹き込んでいたのは、この列島上からすでに消え失せてしまったかと思われた、あのシャグジ＝宿神というとてつもなく古い来歴を持つ精霊だったのだ。(中略) まったくこの宿神なくしては、今日言われているような「日本文化」などというものさえ、存在することはできなかったかも知れない。

そしてこの宿神は、「制度や体系の背後に潜んで、背後から秩序の世界を揺り動かし、励起し、停滞と安住に向かおうとするものを変化と創造へと、駆り立てていく」のであり、この精霊を「哲学的思考の中によみがえらせることによって、私たちの今日抱える深刻な精神的危機に、ひとつの突破口が開かれるかも知れない」と説く。

平準化され活力を失っている現代日本の文化状況に風穴を空けるにはどうするのか。そのひとつの答えが、「いくつもの日本」という方法論的視座を導入して、多様な日本文化の諸相を捉え直し、今はまだそこかしこに露見しているものの、消え去りつつある人々の営みを再構成してゆくことなのである。

従来の稲作農耕を中心に据えた日本文化史観からは隠蔽されてきた被差別民や職人や芸能民たちの文化、そこにもっと注目する必要がある。それは中沢の言う「縄文的な野生の思考」の再生でもあり、「新しい思想史」の構想でもある。

今、播磨一帯に潜んでいる文化史の底流をさぐる旅を、「いくつもの播磨へ」と題して捉えようという意図はここにある。このような見方によって、播磨の渡来系文化をさぐることは、一地方史の枠組みを超えて、日本文化の深層をさぐる旅に重なっていくことになるだろう。

まずは播磨の歴史と渡来系氏族である秦氏の関わりを見ていこう。

## 一　秦氏と播磨

### 播磨への道

播磨とは、今の兵庫県南西部を指す古代の国名で、播州とも言う。十世紀に編纂された『延喜式』では大国とされ、明石以下十二郡よりなっていた。その古代の様子は、一部欠落して現存する『播磨国風土記』にうかがわれる。

播磨の渡来系文化について関心を持つきっかけは、編集者として沖浦和光氏の『陰陽師の原像』の取材に同行したことにある。それまで神戸界隈を観光や仕事で歩くことはあったが、播磨の奥深くに渡来系の文化が息づき、それが今に至るまでしっかりと生き残っていることに深い関心は持っていなかった。そもそも被差別部落をキー概念として、日本民衆の精神史に深く踏み込む契機となったのが沖浦氏との取材であり、編集者として日本各地をともに歩いたことによる。

二〇〇三年六月十三日の午後、大阪駅で沖浦氏と合流し、その夕刻から十五日にかけての三日間、兵庫県の佐用町《さようちょう》、千種町《ちくさちょう》、加西市《かさいし》北条町など、陰陽師《おんみょうじ》村の跡や踏鞴《たたら》製鉄の遺跡、役者村の跡を訪ねた。詳しくは後で触れるが、折しもNHKの大河ドラマで「武蔵」を放映している最中で、梅雨時のどんよりした空の下、一面の緑の絨緞《じゅうたん》となっている水田のそこかしこに、「宮本武蔵」の名を書いた幟がいくつもはためいている様子が印象深かった。

さらにその翌年、二〇〇四年十一月には、全国大学同和教育研究協議会（大学同教）のシンポジウムが兵庫県の龍野《たつの》市で開かれた。十一月六日のシンポジウムに引き続き、翌七日にはフィールドワークを行なった。龍野の皮革地帯、伊和《いわ》神社、千種町の踏鞴遺跡、南光《なんこう》町にある上三河の農村歌舞伎の舞台、佐用町の蘆屋道満《あしやどうまん》・安倍晴明の塚、加西市の高室《たかむろ》役者村、播州歌舞伎を残す農業高校などを訪ねた。そのときは、さらにもう一泊し、上山勝氏に龍野から姫路にかけての皮革地帯を案内してもらった。

二度にわたる現地取材を通じてはっきりしてきたことは、播磨の文化には、渡来系の痕跡が色濃く残っていることである。そのなかでも秦氏の果たした役割が極めて大きいことが分かってきた。古代以来、日本文化史のなかで秦氏は極めて重要な位置を占めている。先進技術、豊かな財力、呪術に由来する芸能への感性など、いわゆる日本文化の枢要は、実は渡来系集団の秦氏が占めてきたといっても過言ではない。

その秦氏の文化の重要な側面が、この播磨の地に存在していたのである。播磨における秦氏の役割を考えることで、秦氏集団の性格がかなり見えてくるだろう。そしてそこから日本文化のひとつの本質を読み解く鍵が見えてくるはずである。

## 渡来系の技術者集団

ここでまず、秦氏とは何か、ということを整理しておこう。まずは辞書的な意味を確認すると、『岩波日本史辞典』では次のように記述している。

古代の渡来系氏族。姓《かばね》は初め造《みやつこ》、六八三（天武一二）連《むらじ》、六八五年忌寸《いみき》。秦始皇帝の後裔を称し、応神天皇の時に祖・弓月君《ゆづきのきみ》が一二〇県の人夫を率いて渡来したというが、実際は新羅《しらぎ》・加耶《かや》方面からの渡来人集団。山城国葛野《かどの》・紀伊郡（京都市西部）を本拠に開拓・農耕、養蚕・機織を軸に栄え、周辺地域にも勢力を延ばした。また鋳造・木工の技術によっても王権へ奉仕した。広隆寺・松尾神社などを創建し、長岡・平安京の造営ではその経済基盤を支えたとみられる。秦氏の集団は大規模であるとともに多数の氏に分化したが、氏の名に秦を含み、同族としての意識が強い。太秦《うずまさ》氏が族長の地位にあった。

秦氏の集団が、朝鮮半島からの大規模な渡来集団であり、さまざまな先進技術を持って日本各地に移住し、政治的にも大きな勢力として古代王権にも大きな影響を与えたことが、ここから分かる。

さらに秦氏に関する詳細な研究を行なってきた大和岩雄は、その主著『秦氏の研究』のなかで「秦氏は渡来氏族の中では最大であり、日本の文化・経済・宗教・技術・政治などに、広く、深く、影響を与えている。だから、秦氏について考究することは、最大の渡来氏族についてだけでなく、日本の文化・経済・宗教などについての考究にもなる」と述べている。秦氏の文化的功績については後に大避《おおさけ》神社のところで詳しく見ることになるので、ここではまず大和岩雄の研究成果や、同じく秦氏の古代社会における特質を詳細に分析した加藤謙吉『秦氏とその民』などに拠りながら、秦氏の技術者集団の側面と、渡来系氏族としての特徴を見ておくことにしよう。

両氏の研究によれば、秦氏とは、五世紀後半から断続的・波状的に渡来してきた集団を母体にし、日本人の在地の農民なども組み入れながら成立した擬制的集団である。出自や来歴を異にしているために、氏族的な求心力はそれほど高くはなく、秦氏を構成する各集団は自立的な性格が強かった。大和政権への隷属という点が大きな特徴であるが、秦氏が政治的な意思を持って団結することは少なく、むしろ経済的な面から大和政権の底辺を支えた氏族であった。

むしろ秦氏の最大の特徴としては、さまざまな最新技術を持った集団であったことを特筆しておく。その技術力による生産活動を、加藤謙吉は四点に整理している。

まず第一点として、製塩技術をあげる。秦氏の拠点である北陸の若狭・越前では、多数の土器、製塩遺跡が発掘されている。その地の秦氏が、製塩に従事していたことは疑いがない。また西日本の土器、製塩の中心である備讃《びさん》瀬戸（岡山・香川両県の瀬戸内地域）にも多数の秦氏集団がいた。

さらに播磨の赤穂《あこう》一帯は、近世では塩田が盛んであったが、すでに奈良時代に塩田開発に従事したと思われる秦氏の者がいる。『平安遺文』に収録されている「播磨国府案」「東大寺牒案」「赤穂郡坂越神戸両郷解」によれば、赤穂市の坂越《さこし》に墾生山《はぶやま》と呼ばれる塩山があって、天平勝宝五（七五三）年から七年まで、播磨守の大伴宿禰《すくね》がこの地を開発し、秦大炬《おおかがり》を目代にして「塩堤」を築造させたが失敗し、大炬は退去したという。

言うまでもなく塩は生存に不可欠の物産である。その意味でも優れた製塩技術をもたらした秦氏の功績は大きい。

第二に銅生産をあげる。次節で詳しく述べるが、秦氏の原郷は朝鮮半島東南部の産鉄地帯である。渡来してきた秦氏集団がまず勢力を伸ばしたのが、九州の鉱山地帯である筑豊界隈であった。そして九州から瀬戸内に沿いつつ、各地の鉱山開発を進め、やがては全国の鉱山に足跡を残す。採掘から精錬、さらには流通に至るまで、秦氏と鉱山資源は深く結ばれていたのである。

第三点は朱砂《すさ》と水銀である。これも広い意味では鉱物資源であるが、あえて特筆する理由は二つある。まずひとつは、朱砂という赤色顔料による色の呪力である。弥生時代から古墳時代にかけて、遺体の埋葬に施朱の習慣があった。赤は魔力を持つ色とされ、その赤を操る種族ということで、マジカルな力を持つと思われていたのかもしれない。

もうひとつは、仏像建造などにアマルガム鍍金法が導入されることによって、水銀の価値が高まったことである。全国各地にある丹生《にふ》神社は、水銀の産地と重なっており、それだけ需要が高かったと言えよう。

第四点は土木・建築技術である。京都・太秦は秦氏最大の根拠地であるが、そこを流れる桂川に堰堤をつくり、治水・灌漑に役立てた。それ以外にも、茨木の茨田《まいた》堤をはじめ多くの土木工事に関わった。さらに長岡京や平安京など、宮都の造営にあたっては秦氏が深く関わっていたと見られる。

もちろんこの四点だけでなく、農耕や養蚕など、秦氏の技術力はまだまだたくさんあるが、これらを見ておくだけでも古代日本において傑出した技術者集団として、大きな役割を果たしていたことが分かるだろう。

## 二　秦氏の原郷

### 原郷は古代加羅の国か

では秦氏は、いつ、どこからやってきたのだろうか。
『古事記』には次のような応神天皇の世の記事がある。

秦造の祖、漢直《あやのあたへ》の祖、また酒を醸《か》むことを知れる人、名は仁番《にほ》、亦の名は須須許理《すすこり》等、参渡り来つ。

また『日本書紀』にも次のように書かれている。

（応神天皇十四年）是歳《ことし》、弓月君《ゆづきのきみ》、百済より来帰《まうけ》り。因りて奏《まう》して曰《まう》さく、「臣《やつかれ》、己が国の人夫《たみ》百二十県を領《ひき》ゐて帰化《まう》く。然れども新羅人の拒《ふせ》くに因りて、皆加羅《から》国に留まれり」とまうす。ここに葛城襲津彦《かづらきのそつひこ》を遣《つかは》して、弓月の人夫を加羅に召す。然れども三《み》年経《とせふ》るまでに、襲津彦《そつびこ》来《まうこ》ず。

（応神天皇十六年）八月に、平群木菟宿禰《へぐりのつくのすくね》・的戸田宿禰《いくはのとだのすくね》を加羅に遣す。……弓月の人夫《ひとたみ》を率《ゐ》て、襲津彦と共に来り。

さらに古代の諸氏族の系譜書である『新撰姓氏録《しんせんしょうじろく》』には、中国・朝鮮半島からの渡来人の後裔がまとめられた「諸蕃」の記事に、

秦始皇の三世孫、孝武王より出づ。男、功満王、仲哀天皇の八年に来朝。男、融通王（一に弓月君と云ふ）、応神天皇十四年に来朝。一二七県の百姓を率いて帰化し、金、銀、玉、帛等の物を献りき。仁徳天皇の御世に、一二七県の秦氏を以て、諸郡に分かち置きて、即ち蚕を養ひ、絹を織りて貢らしめたまひき。（左京、太秦公宿禰の条）

とある。これらから分かるように、五世紀前後の応神朝の時期に、百済から弓月君が多くの人夫とともに渡来したのが始まりとされている。ではなぜその頃に朝鮮半島から多くの人たちが渡って来たのだろうか。

朝鮮半島ではその頃、新羅《しらぎ》と高句麗《こうくり》、百済《くだら》と倭《わ》が入り乱れての戦乱が激化していた。それ

に加えて旱魃や蝗害《こうがい》が相次ぎ、人々は生活に窮していた。そのため多数の人たちが、戦乱や飢饉を逃れて日本列島に渡来・移住してきたのである。

古代には、朝鮮半島の東南部地域は加羅（伽耶・加耶）と呼ばれていた。それは四～六世紀にかけて朝鮮半島東南部の洛東江から蟾津江の流域に分布した小国家群のことで、これらの国々は旱岐《かんき》とよばれる首長たちによって支配されていた。なかでも洛東江下流の金官国《きんかん》（金海《キメ》）や、上流の大伽耶（高霊《こうれい》）が有力であった。その金官国は任那《みまな》とも言われた。

任那とは、『日本書紀』では加羅諸国の総称として用いられる場合が多く、任那は天皇に朝貢《ちょうこう》する官家《みやけ》とされ、その支配と統治をしたのが史上名高い任那日本府である。なお官家とは、百済・新羅・任那・三韓・海西諸国・海北・渡などの朝鮮諸国を日本への朝貢国として表すための呼称である。

このように、加羅は当時の倭と関係の深かったことから、秦氏の原郷は朝鮮半島東南部の加羅（金海）ではないかと大和岩男は推定している。

では秦氏の名称の由来は何によるのだろうか。

大和岩雄は、秦氏のハタというのは、古代朝鮮語の「海」と、「多・大」という二つの言葉に由来するという。そして秦氏の原郷は、朝鮮半島東南部の加羅である。したがって、四世紀の後半から五世紀にかけて、海を渡って大集団で渡来した加羅の人たちのことを、総称して秦氏と呼んだと推定している。

それに対して加藤謙吉は、秦氏の名称も、ヤマト政権に奉仕した職掌から考える必要があるという。秦氏は何よりも、養蚕・機織りを職掌としていたことに由来を求め、「秦」の字を宛てたことは、中華思想による中国への思いによると推定している。

私も大学での講義のとき、韓国からの留学生に、古代朝鮮語に由来する「ハタ（pata）」ではないかという話をしたところ、今でも海のことは「パタ」というので、とても親しみの持てる説だといっていた。ヤマト政権の職掌との関連で考えるよりも、古代の海に思いを馳せるほうがロマンチシズムを感じることは確かだ。

## 豊前の秦王国

秦氏の原郷は、朝鮮半島東南部の加羅であり、四世紀の後半から五世紀にかけて、海を渡って大集団で渡来した加羅の人たちのことを、総称して秦氏といったのであった。そして北九州に到来した秦氏集団は、まず豊前の国に（今の福岡県南東部から大分県北部）、秦王国といわれる拠点を形成した。

中国の隋の正史である『隋書』の倭国伝に、興味深い記事がある。大業四（推古十六、西暦六〇八）年に煬帝《ようだい》が裴世清《はいせいせい》を倭に派遣したときの順路を記したものである。

百済を度《わた》り、行きて竹島に至り、南に躭羅《たんら》国を望み、都斯麻《つしま》国を経て、迥《はる》かに大海の中に在り。又、東して一支国にいたり、又、竹斯《ちくし》国に至り、東して秦王国に至る。其の人華夏《かか》に同じ。以つて夷《い》洲と為すも、疑うらくは、明らかにする能わざるなり。又、十余国を経て海岸に達す。竹斯国より以東は、皆倭に附庸す。

ここに書かれている秦王国こそ、豊前一帯に秦氏が形成した根拠地である。そしてその風俗はほかの地域とは異なり、「華夏」と同じとあるが、これは朝鮮系の風俗を指していると思われる。

なぜ豊前に秦王国といわれる根拠地が形成されたのだろうか。それは秦氏の性格とも深く関わっているのである。

筑豊の地、今の福岡県田川《たがわ》郡に香春岳《かわらだけ》という山がある。周囲からはひときわ目立つ三つの峰があり、それぞれ一の岳、二の岳、三の岳と名づけられているが、一の岳の中腹から上は長年の採掘によって、すでになくなっている。余談であるが、地元の郷土史家二郎丸弘によれば炭坑節の「一山二山三山越え……」の歌詞は香春岳のことを指しているという。

この香春岳こそ、九州に渡来した秦氏の集団がまず目指した地であった。香春岳からは、さまざまの鉱物が採掘された。『豊前国風土記』逸文の香春郷に、次のような記述がある。

昔者、新羅の国の神、自ら度《わた》り到来りて、此の河原に住みき。便即ち、名づけて鹿

香春岳（一の岳）を遠望する

春の神と曰ふ。又、郷の北に峯あり。頂に沼あり。黄楊樹生ひ、兼《また》、竜骨あり。第二の峯には銅、并びに黄楊・竜骨あり。第三の峯には竜骨あり。

大和岩雄によればここに書かれている竜骨とは、石灰岩のことを指すという。つまり香春岳には、石灰岩や銅などの鉱物資源があったことが、古代にも知られていたのである。『日本鉱山総覧』によれば、香春岳からは、金、銀、銅、鉛、亜鉛、鉄、石炭が採掘されたという。なお、実際に銅が採掘されたのは二の岳ではなく三の岳である。そこには採銅所という地名が残っていて、ＪＲの駅もある。

鉱山の採掘や鍛冶は、秦氏のもつ先進技術の代表的なものだ。秦氏の原郷である洛東江流域は砂鉄の産出地である。『魏志』弁辰《べんしん》伝には、

香春神社

国、鉄を出す。韓、濊、倭《わい》みな従って之を取る。

とあり、この鉄を産出していた弁韓《べんかん》の人たちが、海を渡って九州に上陸し、まず目指したのが香春岳であり、その銅・鉄を採掘したのであろう。『古事記』や『日本書紀』に、天香山《あめのかぐやま》の鉄（金）を採って日矛《ひぼこ》や鏡を作ったという記述があるが、香春岳は秦王国の天香山なのであった。さらに鉱山採掘は、秦氏の財力の源泉になっていた。その財力を基にして、その後の古代日本に大きな役割を果たしたのである。

香春岳のふもとには香春神社がある。『豊前国風土記』逸文に「新羅の神」を「鹿春《かわら》の神」と名づけたとあるように、ここは秦氏の信仰の拠点であった。

この香春神社は、宇佐八幡宮の元宮・古宮とも言われている。神官は、秦氏系の赤染《あかぞめ》氏と、鶴賀《つるが》

香春神社の巨岩

氏であるが、この鶴賀氏も若狭の敦賀との関連も考えられる渡来系の氏族である。祭神は辛国息長《からくにおきなが》大姫大目命《おおひめのみこと》、忍骨命《おしほねのみこと》、豊比咩命《とよひめのみこと》の三座である。辛国息長姫は、神功皇后《じんぐうこうごう》の名である「息長帯姫」をヒントに作られた。「辛国」は「韓国」であり、息長姫の系譜は、新羅の王子・天日槍《あめのひぼこ》を祖とし、息長氏は秦氏とも深く関わっている。朝鮮半島との関わりの深さを感じさせる祭神である。

二〇〇六年の六月下旬に香春神社を訪ねた。博多から篠栗線、筑豊本線、後藤寺線、日田彦山線と乗り継いで、香春駅が近づくと、巨大な香春岳が見えてくる。あいにくの梅雨末期の集中豪雨で、香春岳の中腹以上は雲に隠れていた。香春駅から歩いて十五分ほどで香春神社に着く。参道の石段を登り、振り返ると大きなセメント工場がいやが上にも目に入ってしまうが、それでも周囲の土地を眺めながら、ここに古代は秦氏一族が住み、異

宇佐八幡宮

国風の生活風俗で暮らしていたのかと思いを馳せてみた。境内は閑散として参拝者はいなかったが、山崩れで落ちてきたという、いかにも鉱山を思わせる巨岩が祀られていた。

　豊前には、もうひとつ、宇佐八幡宮という秦氏の信仰の拠点がある。今でこそ皇室の庇護も篤く、日本の神社体系では枢要の位置を占める神社であるが、本来は渡来系の秦氏が祀っていた神社である。宇佐八幡宮の元宮が香春神社であるということは、そのひとつの証左である。

　さらに宇佐八幡宮最大の祭事である放生会《ほうじょうえ》は、八世紀の養老年間に鎮圧した大隅・日向の隼人の霊を慰撫する祭礼である。かつては香春岳の銅で作られた神鏡を、宇佐の和間浜まで、豊前の国を巡行しながら十五日間かけて運ぶ神事があった。その間、八幡宮では細男舞《くわしおのまい》が毎夜行なわれ、和間浜では古表《こひょう》神社と古要《こよう》神社の人々が傀儡《くぐつ》舞をしたという。細男舞も傀儡舞も、いずれも秦氏の担った芸能である。

香春神社を訪ねた翌日、宇佐八幡宮にも足を延ばした。本殿をはじめ広大な境内に散在する建造物は、鮮やかな朱塗りであるが、朱色と白色と緑色が独特のバランスで配色されたデザインは、どこか韓国の建物を連想させる色合いであった。

また古代社会において、鍛冶師はシャーマンでもあった。秦氏は、道教的要素を持つ独特の巫《ふ》術を駆使する集団でもあった。『新撰姓氏録』に次の記事がある。

雄略天皇御躰不予みたまふ。因《よ》りて茲《ここ》に、筑紫の豊国の奇巫《くしかんなぎ》を召し上げたまひて、真椋をして巫を率て仕へ奉らしめたまひき。

『日本書紀』にも、用明天皇が病気になったときに、都の法師ではなく、わざわざ豊前の奇巫を呼んだという記述がある。このように、豊前の秦王国のシャーマンは、朝鮮系の巫術を用いる巫医として、遠く大和の地にまで名を響かせていたことが分かる。

もうひとつ、秦王国には、仏教公伝以前から仏教が入っていた。大和飛鳥に公伝した仏教は百済系の仏教であるが、秦王国に入った仏教は、弥勒《みろく》信仰を重視する新羅の仏教だった。後に秦河勝《はたのかわかつ》が京都の太秦に広隆寺を建立するが、その本尊は新羅伝来の弥勒半跏思惟像《みろくはんかしいぞう》である。平安仏教の改革者となった最澄も渡来系であり、留学僧として唐に出向く前には香春神社で航海の安全を祈り、帰国後にも寺院を建立している。

また宇佐から瀬戸内海に突き出ている国東《くにさき》半島は、後に修験道が盛んになるが、数多くの天台寺院があり、中世に仏教文化が栄えた地である。沖合いの姫島も含めて、渡来系の文化が深く根付いている地域だ。

このように、朝鮮半島の動乱によって日本に渡ってきた秦氏の一族は、九州の豊前に、一大王国をつくり、古代日本にも大きな影響を与えていた。その後、富と人的ネットワークを形成した後、秦氏はいよいよ東へと豊後水道を越えていくのである。

## 三　海から陸へ

### 伊予の銅鉱山

二〇〇七年一月末に、愛媛県を訪れ、八幡浜から佐田岬を往復し、宇和島、そして高知県との県境に位置する日吉村（現・鬼北町）と回った。豊後水道を渡った秦氏の痕跡を辿ろうというのが目的である。伊予の地一帯に秦氏が活躍したことを示す神社や遺跡が残されていることは、堀井順次『山村秘史』に詳しく紹介されている。

松山空港でレンタカーを借り、一時間ほど高速を飛ばすと八幡浜に着いた。ここには八幡神社がある。社伝によれば養老元年に神功皇后ゆかりの地に八幡大神が降臨したという。こ

八幡神社（八幡浜）

の時期は、東大寺の大仏建立と同時代である。ということは銅の寄進で大仏建立に貢献した宇佐八幡宮の影響下にあったことを示している。境内一帯はこんもりとした小山になっており、『万葉集』に「妻ごもる矢野の神山露霜に匂ひそめたり散らまく惜しも」と詠われた矢野の神山である。八幡浜の地名も「八幡大神の鎮座する海浜の村落」の意である（『八幡浜市誌』）。境内には、隼人にゆかりの髪長神社は見つかったものの、水銀採取に関わる人たちが信仰した丹生《にふ》神社があるということだったが、残念ながら見つからなかった。

　地方都市の多分に漏れず、八幡浜の商店街もシャッター通りと化していた。そこを後にして、一気に佐田岬を目指す。伊方《いかた》原発の建設と引き換えにつくられた快適な道路を走る。途中、漁協が経営する食堂で、岬《はな》あじ、岬さばを食した。これは豊後水道で獲れる脂が乗りこりこりと身の締

佐田岬から佐賀関を望む

まったあじ、さばのことであるが、大分県側の佐賀関に水揚げされたものは、関あじ、関さばとしてブランド化されている。全く同じ魚が、愛媛県側に水揚げされると、かなりお手軽な価格で食することができるのだ。

佐田岬に着くと、もう目の前が佐賀関である。左手南方面には藤原純友が立てこもった日振《ひぶり》島が見える。右手には瀬戸内を行くたくさんの船が行き来をしている。潮目がくっきりと浮かび、潮流の速さが分かる。

逆に豊前の秦王国から海に出ると、国東半島や佐賀関を経て、目の前は佐田岬となる。実際、佐田岬半島には大分方面からの漂着物が多いという。宇佐八幡宮から沖合いに出れば、八幡浜に着くのは不思議でもなんでもない。そのことで興味深いのは、古代、八幡浜と佐賀関を結ぶ航路は、秘密航路と呼ばれ一般の通行が禁じられていたことだ。

『続日本紀』には次のような記録がある（五藤孝人「古代伊予国の鉱業史」『温古』二〇〇一年三月所収による）。

霊亀二年辛卯（七一六年五月十六日）大宰府言す、豊後、伊予、二国之界、従来置戍、往還することを許さず。

これはおそらく大仏建立のための銅や水銀を滞りなく運搬することとも関わりがあると思われるが、逆に見れば、それだけ重要な航路であった証拠である。

そして、この佐田岬半島にも銅鉱脈が走っているのである。朝鮮半島から渡来してきた秦氏がまず定着したのが豊前の香春岳という鉱山を抱えた地であった。そして海を渡って四国でも銅鉱脈に導かれて住み着いていったのだろうか。『日本書紀』持統天皇五年の条に、

伊予国司田中朝臣法麻呂等、宇和郡の御馬山の白銀三斤八両・あらかね一籠献る。

という記事がある。御馬山とは伊予国宇和郡三間郷のことで、佐田岬半島からはいくぶん内陸に入るが、それでもこの一帯で、古代から鉱山の採掘が行なわれていたことは間違いない。

五藤孝人によればそれ以外にも、『日本書紀』『続日本紀』などによれば、七世紀の大化の

客神社（左）

改新から八世紀の延暦年間までで、伊予の鉱業に関する記録をたどると、水銀、白銀、錫、鉛、砂金、銅などがたびたび記録されているという。

また、南予一帯には菊理媛《きくりひめ》を祭神とする神社が多いという（堀井順次『山村秘史』）。白山神社、白王神社、客《きゃく》神社などの名前になっているが、いずれも菊理媛を祀っている。この菊理媛は、白山神社の主祭神で、渡来系の人々、とりわけ鉱山に関わる人たちが信仰している神である。東日本では、白山神社を祀る被差別部落が多いが、その祭神が菊理媛なのである。この点については、前田速夫『白の民俗学へ』に詳しい。

佐田岬から八幡浜へ戻る道すがら、八幡神社や客神社を訪ねた。半島の旧道は、海岸に沿って曲がりくねった細い道だった。立ち寄ったのは、三崎町三崎の八幡神社、瀬戸町大久の八幡神社、瀬戸町三机の八幡神社、伊方町（以上、現在はすべて伊方町）九町の八幡神社、そして伊方町豊の浦の客神社である。町誌などによれば、瀬戸町三机の八幡神社は天平《てんぴょう》五（七三三）年、三崎町の八幡社は貞観《じょうがん》二（八六〇）年にそれぞれ宇佐八幡宮の分社として創立されたというから、相当古い歴史を持っている。

八幡浜に戻って、夜は市内の神宮通りにある福祉会館で、愛媛の被差別部落史を研究している水本正人氏と五藤孝人氏に話を伺った。四国の中央構造線に沿って鉱脈があること、菊理媛を祀る神社がそれに沿って点在することを詳しく教示していただき、さらに宇和地域の朱砂についても、日吉村の父野川《ちちのかわ》鉱山の場所などを詳しく教えてもらった。

翌日、宇和島の八幡神社を訪ねる。ここは、社伝によれば和銅《わどう》元（七〇八）年に宇佐八幡宮から勧請したという。源義経が伊予守になったときにイブキの一対を奉納し、現存するその大木が、国定天然記念物となっている。江戸時代には宇和島藩・伊達氏の庇護もあったという。広い境内で地元の人たちの信仰も篤そうである。しかしその八幡神社のすぐ近くに被差別部落がある。清めなど、八幡神社と何らかの歴史的な関係があるのであろうか。

宇和島から内陸に入り、日吉村に向かう。日吉村は江戸末期の武左衛門《ぶざえもん》一揆で有名である。武左衛門は漂泊民のネットワークを駆使して一揆を組織したといわれる。その資料館を拝見した。この日吉村から一山越えれば、そこはもう高知県の幡多《はた》郡である。これもまた、秦氏と関わりの深い地名であることは一目瞭然である。そして幡多郡一帯にも、菊理媛を祀る白皇（王）神社がたくさんある。

父野川の朱砂鉱山の跡

そして目当ての父野川にある朱砂の鉱山跡を見に行く。鄙びた山道を行くこと三十分で着いた。今は山の斜面にそれとなく坑道跡のような雰囲気が漂うだけであるが、ここはつい昭和三十年代まで採掘していたという。かつて秦氏の一族がこの地を開いた頃の様子を想像してみた。おそらく独特の土地を見る目を持っていた人々、いうなれば手だれの山師が、山並みや川の流れなどを見極めてたどり着いたのであろう。

豊後から伊予を経て、讃岐、阿波、そして大和へ。朱砂については転々と残されている丹生《にふ》神社の系譜を追うことができる。それだけ古代人の朱への憧れや、水銀のもたらすメタモルフォーゼへの驚異が強かったのだろう。その技術を操る秦氏への畏敬の念は、また賤視へと通じるところがあったのかもしれない。

大麻比古神社

## 瀬戸内から播磨へ

伊予の秦氏についてやや詳しく見てきたが、伊予だけでなく、四国の瀬戸内沿いにはまだまだ秦氏や他の渡来系氏族の痕跡がたくさんある。

讃岐の金刀比羅宮は、金達寿の『日本の中の朝鮮文化9』に紹介されている千葉嘉徳「讃岐の中の渡来文化」によれば、創祀の頃には旗宮《はたみや》と呼ばれていて、その秦神社に金毘羅大権現や大物主神などが祀られ広く信仰されたという。すなわちもともとは秦氏の信仰する神社だったのだ。同書によれば、高松近郊には新羅神社がある。さらに古墳にも渡来系のものがたくさんあるという。

また阿波一の宮で知られる大麻比古《おおあさひこ》神社も渡来系の忌部《いんべ》氏の神社であり、四国遍路の第一番札所霊山寺も忌部氏の氏寺であったと見られ、開基とされる行基は百済から渡来した王仁《わに》氏系の氏族である。近くには渡来系の古墳があり、出土品も朝鮮半島との親近性を示すものが多い。

鳴門には人類学の泰斗・鳥居龍蔵の記念館もある。しかしなによりも、鳴門は稀代の人形師・大江巳之吉《みのきち》の故地でもある。見事な文楽人形の作者でありながら、ついに人間国宝の指定を受けることなく亡くなった。被差別部落の民俗芸能の調査・保存に努めている染川明義によれば、その最大の理由は、「卑しい人形師」とみなされていたことであり、背景には差別があったという。

## 秦氏の根拠地・太秦

やがて瀬戸内に沿いつつ、秦氏は畿内に到達する。その役割を見ていく前に大和に進出して以後の、古代における秦氏の歴史を、加藤謙吉『秦氏とその民』などに拠りながら、簡単に見ておこう。

秦氏は、弓月君《ゆづきのきみ》に率いられ朝鮮半島から渡来し、豊前に秦王国をつくり、経済力を発展させ、瀬戸内に沿いつつ四国、山陽を経て、大和国葛野《かどの》地方に入った。五世紀の葛野地方は、大豪族・葛城氏の支配の下に多くの渡来系氏族が住んでいた。

しかし五世紀末に葛城氏が滅びると、渡来人たちを畿内とその周辺各地に移住させる政策が進む。そして秦氏も、まずは肥沃な山背《やましろ》の深草に移住する。そしてその後、六世紀半ばから後半以降に、水稲耕作には不向きだった葛野地方（今の太秦）を開拓し、大いに栄えるようになる。それにともない秦氏の族長権も、はじめは秦大津父《はたのおおつち》という深草の秦氏にあったが、後に葛野の秦河勝《はたのかわかつ》に移行したのである。

深草の秦氏の信仰の拠点は、今の伏見稲荷である。『山城国風土記』逸文に、次の記述がある。この伝承は、深草で秦氏が栄えていたことを示している。

伊奈利と称ふは、秦中家忌寸等が遠祖、伊呂具《いろぐ》秦公、稲粱を積みて富み裕ひき。乃ち餅を用いて的と為ししかば、白き鳥と化成りて飛び翔りて山の峯に居り、伊禰奈利生ひき。遂に社の名と為す。

森に包まれ、こんもりとした山に拡がる伏見稲荷の境内には、今も始祖の秦氏を祀る末社《まっしゃ》として長者社《ちょうじゃしゃ》がある。

深草の北西に位置する太秦《うずまさ》には、秦氏の痕跡が数多く残されている。なんといっても広隆寺が著名である。ここは、聖徳太子から授けられた朝鮮渡来の半跏思惟像を安置するために秦河勝が創建したといわれるが、まさに広隆寺は秦氏の氏寺であった。

またそのすぐ脇にある大酒神社も、芸能者の信仰を集めており、後で述べるように秦氏の信仰と深くつながっている。とりわけ秦河勝再生の伝承がある播磨・坂越《さこし》の大避神社との関連が考えられる。

伏見稲荷

境内の長者社

大酒神社

木島坐神社

松尾神社

蛇塚古墳

またその東には、養蚕との関係の深い木島坐《このしまにます》神社（蚕の社）があり、その境内には白塚、白清社などの境内社があり、新羅の白を連想させる。

さらに嵐山から桂川を渡った先にはお酒の寺として有名な松尾神社がある。ここも大宝元（七〇一）年に、秦忌寸都理《はたのいみきとり》が、山頂の磐坐を勧請したのが始まりとされる。山頂の磐坐と滝の清水が信仰の対象だろう。

そのほか、七世紀につくられたと推定されている蛇塚《へびづか》古墳をはじめ、太秦の地に点在する古墳群は、いずれも秦氏の有力者の墓所とされている。

華美な織物として名高い西陣織も秦氏の技術に基づいており、京の西方は秦氏の文化が濃密な地である。

## 四　播磨の秦氏系文化を歩く

### 『播磨国風土記』と伊和神社

ここまで主に古代を中心に秦氏の跡を追ってきた。次にいよいよ播磨の渡来系文化の特質を、秦氏を軸にさぐってみよう。

既に書いたように、播磨の渡来系文化について考察するきっかけとなったのは、沖浦和光の『陰陽師の原像』の取材であった。その延長で、全国大学同和教育研究協議会のシンポジ

伊和神社

ウムとフィールドワークに参加したことによる。その二つのフィールドワークやその後の取材を通じて見てきた播磨の渡来系文化の様相を概観していこう。

古代の播磨の姿を、断片的ながら伝えるのは『播磨国風土記』である。風土記は奈良時代の和銅六（七一三）年に、諸国に産物や地味、山川の由来・伝承を報告するよう求めたのに応じて書かれた地誌である。『播磨国風土記』は用字などから、養老《ようろう》元（七一七）年以前に成立したと推定されている。編者には楽浪河内《さざなみのかわち》らが考えられているが、未詳である。冒頭の明石郡などの記述が脱落しており、全貌はうかがえないが、地域の伝承を和文調の濃い文体で豊富に伝え、特に狩猟・農耕・祭祀に関する伝承は貴重とされる。また応神《おうじん》・景行《けんこう》天皇の行幸伝承が多い点も注目されている。

したがって播磨の古代をさぐるうえでは、不完全ながらも『播磨国風土記』によることが多いのである。不完全とはいいながら、読んでみると興味深いエピソードに満ちているのも事実である。『播磨国風土記』には、渡来系と思われる人々の記述が数多く載っている。そもそも筆者とされる楽浪河内自身が百済からの渡来系である。いくつかあげてみよう。

後に詳述するが、姫路市にある白国《しらくに》の地名の由来として次のように記している。

昔、新羅の国の人、来朝しける時、此の村に宿りき。故、新羅訓《しらくに》と号《なづ》く。

そのほか韓室里、韓荷島、漢部里をはじめ渡来人の足跡を示す地名が多く記述されている(「新兵庫学」『神戸新聞』二〇〇四年七月二十五日)。

また渡来神・天日槍《あめのひぼこ》が在地神・伊和《いわ》大神と各地で戦う動きが詳しく書かれている。天日槍は、新羅から鉄を日本にもたらし、地方の豪族を従えた一族である。天日槍の進出による伊和大神との抗争は、『播磨国風土記』には数々の戦いの記述として出てくる。神崎郡の八千種《やちぐさ》の戦いは双方多数の軍勢を出し合った激しい戦闘だった。『日本書紀』では、天日槍が円満に播磨の地に住み着いたことになっているが、実際には激しい抗争があり、結果として在地の伊和勢力が、天日槍勢力を駆逐した。

全国大学同和教育研究協議会のフィールドワークでは、この伊和大神を祀る伊和神社を訪れた。伊和神社は第十三代成務天皇甲申歳(西暦一四四年)の創祀と伝えられる播磨国の一の宮だ。祭神は大己貴神《おおなむち》である。伊和大神は播磨国内各地を回って国造りをし、最後に伊和里（現在伊和神社のある地方）に至ったという。社地が因幡街道のほぼ中央に当たる交通の要衝にあたり、社殿が北向き、つまり出雲のほうを向いている。北からの勢力に対する守りとして創建されたのだろう。本殿の裏には神鳥が飛来したと伝えられる鶴石がある。古代社会の権力闘争が偲ばれる神社である。

## 鉄を生む地

中国山地の山深く、鳥取県との境に近い千種町に蹈鞴《たたら》製鉄の遺跡があり、一帯は「天児屋《てんごや》たたら公園」となっている。

古代以来、播磨の国で鉄を産出していたことは『播磨国風土記』にも記されている。宍禾《しさわ》郡柏野里敷草《しきくさ》村（現・宍粟《しそう》市千種町）の条には、次のような記述がある。

草を敷きて神の座と為しき。故に敷草といふ。此の村に山あり。南方に去ること十里ばかり、二町ばかりの沢あり。此の沢に菅生じ、笠に最も好し。檜・杉・栗・黄蓮・黒葛等生ふ。鉄を生ず。狼羆住む。

また讃容《さよ》郡（現・佐用郡）の条にも次のように記されている。

鹿を放ちし山を鹿庭《かにわ》山と号《なづ》く。山の四面に十二の谷あり。皆、鉄を生す。難波の豊前の朝廷に始めて進りき。見顕しし人は別部の犬、其の孫等奉発《たてまつ》り初めき。

ここの豊前の朝廷とは孝徳天皇（在位六四五〜六五四）のことで、『播磨国風土記』が編まれる半世紀以上前に鉄が作られていたことを示している。

佐用町教育委員会の調べでは、佐用町一帯からは、一四四カ所の製鉄遺跡が確認されているという。このように、播磨からは多くの鉄が産出している。この鉄を求めて多くの渡来人が播磨に住み着いたと考えられる。前述のように、播磨を攻略しようとした天日槍がもたらした技術がまさに製鉄だったのである。

その後、中世から近世にかけて、奥播磨の宍粟郡・佐用郡一帯では、砂鉄から鉄を生産する蹈鞴製鉄が広く行なわれた。天児屋鉄山、三室鉄山、高羅鉄山、荒尾鉄山などは規模が大きく、明治に至るまで稼働していたという（上山明「奥播磨の製鉄史」）。

ここ千種鉄の質はすばらしいものであった。名刀で名高い備前長船《おさふね》の刀匠が珍重したのも千種の鉄だった。また刀剣だけでなく、農具や大工道具など、さまざまな鉄製品に使われていたのである。

生野銀山

## 生野銀山

播磨には名だたる生野銀山がある。ここは大同《だいどう》二（八〇七）年の発見と伝えられている。戦国時代、山名氏によって天文《てんぶん》十一（一五四二）年に開発されて以後、産出量が増え、織田信長、豊臣秀吉、徳川家康と続けて直轄地とされ、慶長《けいちょう》・元和《げんな》年間（一五九六〜一六二四）に最盛期を迎えた。江戸時代の産銀額は全国一で、十七世紀以降には銅も多く産出した。明治維新後は官有となり、三菱財閥に払い下げられ、昭和四十八（一九七三）年に閉山となった。

このように近世以後に栄えた銀山であるが、ここもまた古代以来の鉱山地帯である。『播磨国風土記』神崎郡の条に、

生野と号す所以は、昔此処に荒ぶる神あり、往来の人を半殺す。由りて此れを死野と号す。

以て後、品太《ほんだ》天皇、勅に云ふ。此れは悪しき名の為、改めて生野と為す。

とあり、この荒ぶる神というのは銀山の鉱毒という説もある。今の生野銀山の地とは限らないにせよ、奥播磨の鉱脈の流れは確実に渡来系の人々をひきつけたに違いない。

二〇〇七年の一月に生野銀山を訪れた。鉱山特有の独特の厳しく硬い山容や随所に残る残雪に、冷たい風が襟元を吹くような思いがした。こうした山を見分ける山師の能力に長けていた人々がかつて山から山へと歩いていたのだ。鉱山内に入ってみると、さほど寒くはなく、坑道は近代的なつくりであった。銀鉱石の鉱脈に沿って切り開かれた巨大な穴が印象的であった。しかし生野の町は、どこの鉱山跡に行ってもそうだが、もはや巨大な廃墟という印象を強く持たざるを得なかった。

## 陰陽師・役者村

播磨はまた陰陽師の拠点でもあった。播磨を中心とする陰陽師については、沖浦和光の『陰陽師の原像』に詳しく書かれているので省くが、ここでは実際に歩いて見聞した限りで記しておく。

陰陽師とは、もともとは中国の陰陽五行説と日本の土俗信仰が混交した陰陽道に携わる技術者のことを指した。朝廷の陰陽寮という役所に所属し、暦の作成や天文を掌っていた官僚

蘆屋道満の塚（佐用町）

である。貴族の私的な依頼にも応じ、なかでも有名なのが安倍晴明である。

　そうした官人陰陽師に対し、中世になると民間陰陽師も活躍した。加持祈禱や万歳などの予祝芸能を奉じ、吉凶占いや怪しげな呪《まじな》いで施術治療なども行なった人たちである。民間陰陽師は、各地の宿（夙）に住み、卑賤視されながら雑芸能などによって身過ぎ世過ぎをしてきた。なかには芝居役者として成功し、村全体が役者村となって江戸時代に大きく栄えた東高室《ひがしたかむろ》のような例もある。そのため今でも播磨には芝居の舞台がいくつか残っており、上三河の農村舞台は回り舞台も付いた立派なものであった。

この民間陰陽師の拠点が、播磨だったのである。歌舞伎でも有名な蘆屋道満と安倍晴明の術比べで、晴明に敗れた道満が流された地が播磨である。官人陰陽師が晴明系なのに対して、民間陰陽師は道満系といわれる。そして、佐用町には、なんと道満の塚と晴明の塚が谷を挟んで向かい立つという場所があった。晴明ブームのせいか、晴明塚のほうは手入れもよく、訪れる人も多いようだった。それに比べて道満塚のほうは、荒れた山の上に寂しく立っていたのが印象的であった。

陰陽師の行なっていた加持祈禱も、元来は渡来系の巫術である。『新撰姓氏録』に、

雄略天皇御躰不予みたまふ。因りて茲に、筑紫の豊国の奇巫を召し上げたまひて、真椋をして巫を率て仕へ奉らしめたまひき。

とあるように、古代には朝廷が天皇の病気平癒を願って、豊前の秦王国からその呪力を買ってシャーマンを呼び寄せたこともある。これは渡来の巫術が優れていたからだろう。陰陽師はこの巫覡《ふげき》の系統に連なる人たちなのである。

西宮えびす神社内、百太夫社

## 西宮えびす神社の百太夫社と傀儡

えびすで有名な西宮神社の境内に、百太夫社があある。ここは西宮神社の傀儡たちの信仰の拠点である。彼らは十六世紀の初め頃、西宮を本拠とした散所神人が、えびす神社の信仰を流布させるために、えびす人形や首かけの箱人形を持ち歩いて門付けを行なったことに由来するという。散所とは、もともとは貴族や社寺の所領であるが、中世以降、さまざまの賤民が流入し住み着いた土地のことである。

西宮神社は阪神西宮駅から歩いてすぐのところにある。今では正月の十日戎の早暁に行なわれる開門神事で、雪崩を打って駆け込む男たちの様子が毎年のようにニュースで放映されている。彼らが駆け込む本殿の、そのさらに奥に末社・百太夫社はある。神社の北方には、今も産所町の地名が残っている。そこがかつての散所で、多くの傀儡が住み着いていたところで、「傀儡古跡」の石碑が建っている。

神社で買い求めた『西宮神社史話』によれば、百太夫社の名前は、平安後期の天養元《てんよう》（一一四四）年に成立した『色葉字類抄』にも出ているという。そして十六世紀後半にはたびたび宮中に参入して操りを上覧した。その様子は本当の能のようだったと記録されている。しかし江戸時代も半ばを過ぎると衰退し、十八世紀半ばには生活も困窮を極め、百太夫社も天保《てんぽ》十（一八三九）年に、散所の地から今の西宮神社境内に移された。明治になると吉田伝吾という名人も輩出したが、衰微は免れず、明治の終わりには終末を迎えた。そして西宮の傀儡は淡路に渡り、淡路人形となる。

百太夫社は宇佐八幡宮の近くにもあり、宇佐にも古要神社と古表神社の傀儡舞があった。傀儡は、芸能を生業としていたが、周囲からは賤視され、通婚もなく、女性はしばしば売春も行なっていた。傀儡に関しては、日韓の芸能をドキュメンタリー映画に撮り続けている前田憲治監督の代表作品『恨《はん》　芸能曼荼羅』に詳しく描かれている。

## 朝鮮鐘に導かれて①　鶴林寺

加古川市内に鶴林寺という古刹がある。広大な境内に堂塔伽藍が建ち並び、平安時代創建の太子堂など、聖徳太子と秦氏に由縁の寺で、「西の法隆寺」とか「刀田《とだ》の太子さん」と呼ばれている。

二〇〇七年の三月、現地に行ってみた。加古川駅からバスもあるのだが、本数が少なかったのでタクシーで向かうと十五分ほどで着いた。雨のせいか参詣者もなく静かな境内だ。タクシーの運転手に聞くと前日の二十三日までは聖徳太子の縁日で、多くの露店も出て多数の参拝者で賑わっていたという。

この寺が、いつ、どのようにしてつくられたかは、よく分からない部分が多いが、「鶴林寺縁起」などによると、次のようだ。

欽明《きんめい》天皇の頃、蘇我氏と物部氏の争いを避け、高麗出身の僧・恵便《えべん》は播磨の地に身を隠していた。崇峻《すしゅん》天皇二(五八九)年に、聖徳太子はその恵便の教えを受けるためにわざわざ播磨を訪ね、後に秦河勝《はたのかわかつ》に三間四面の精舎を建立させ「刀田山四天王聖霊院」と名付けた。それが鶴林寺の始まりとされているという。宝物館には、その恵便の像が安置されている(この恵便については五六ページから沖浦和光が詳しく触れているので参照してほしい)。

ここにも聖徳太子と秦河勝のつながりが出てきている。さらに寺宝に木彫りの行基像がある。行基は東大寺建立にも関わったが、全国をくまなく歩き、港を開いたり川に橋を架けたりといった社会事業をした日本で最初の大僧正である。そうした土木技術の背景としては、行基もまた渡来人の王仁《わに》氏系の高志《たかし》族の出自ということがあげられる。

加古川と姫路の間に、古代に韓泊《からとまり》と呼ばれていた港がある。ここも行基が開いた港といわれている。朝鮮からの船が着いた港である。千田稔『埋もれた港』によれば、姫路市の的

鶴林寺

鶴林寺の朝鮮鐘

形であろうとされている。今の地名も姫路市的形町福泊である。

重要文化財に指定されている朝鮮鐘は、立派な鐘楼に安置されていた。通常の参観では見ることはできないのだが、取材目的を話すと、追加の参観料を払い、見せてもらえた。高さは六〇センチほどだろうか。模様はほとんどなくシンプルだ。撞いてもらうと、やや高い音で、ラの音域だという。しかしきれいな濁りのない響きで、なんとも落ち着いた気分が満ちてきた。

宝物館にはもうひとつ、名高い金銅聖観音像、通称あいたた観音がある。白鳳時代の作で、やはり渡来の仏像だという。優雅に腰をくねらせた姿は、典雅であるとも言えるが、なんとも艶かしい色気に満ちているとも言える。鐘といい仏像といい、鶴林寺が渡来の匂いの濃い寺院であることは確かだ。

## 朝鮮鐘に導かれて② 尾上神社

鶴林寺から南に一キロ少々行った尾上町の尾上神社は、高砂の松で名高いが、もうひとつ、統一新羅時代につくられた朝鮮鐘がある。尾上神社は神功皇后の三韓征伐に由来する神社だという。そこからして朝鮮との関わりがある。統一新羅といえば、七世紀後半から十世紀前半までのあいだである。日本にいくつか残っている朝鮮鐘のなかでも一番立派であるという。

鐘の音はとても見事であったといい、その響きは謡曲「高砂」に登場しており、また『千

尾上神社

尾上神社の朝鮮鐘

載集』には前中納言匡房の次の歌がある。

高砂の尾上の鐘の音すなり暁かけて霜やおくらん

訪ねてみると、肝心の鐘は収蔵庫にしまわれていたので、社務所を訪れ開けてもらった。高さは一メートルほどあるだろうか。立派な鐘である。戦中に、供出を免れるために地中に埋めたときにひびが入ってしまい、以後、撞くことはできなくなったという。

飛龍や天女の模様もきれいに残っている。とりわけ天女が雲の上に横たわっている姿は、日本がわざわざ新羅に鐘を発注したことを示しているそうだ。というのも、朝鮮・中国では、雲の上の者は孫悟空のように必ず立っているからだという。

尾上神社になぜ朝鮮鐘があるのかは不明ということだ。倭寇が落としたという説まであるそうだが、加古川は瀬戸内航路の要衝で船舶は必ず潮待ち、風待ちのために停泊する。そのため文物が集まりやすいということもあるようだ。

**斑鳩寺**

播磨における聖徳太子信仰では、もうひとつ、太子町に斑鳩寺《いかるが》がある。推古十四（六〇六）年、聖徳太子が推古《すいこ》天皇から播磨国揖保《いぼ》郡の土地三六〇町歩を賜り、大和の斑鳩宮から移住

斑鳩寺

し、当地を斑鳩荘と命名し、伽藍を建立したとされている。ここもかつては立派な寺院であったが、十六世紀半ば、赤松・山名の戦乱によって灰燼に帰した。

後に詳しく述べるが、大避《おおさけ》神社は、聖徳太子と縁の深い秦河勝が創建した神社で、ここからほど近い赤穂にある。こうしてみてくると、播磨には渡来系の痕跡とともに聖徳太子信仰が根付いていたことがうかがえるのである。

斑鳩寺を実際に訪ねてみた。姫路からバスもあるというがやはり本数が少ないので、網干《あぼし》からタクシーで向かった。二十分ほどで着く。聖徳太子との所縁は案内板に書いてあったが、実際には西国三十三霊場としてのお遍路さんで賑わっているとのことだった。帰りのタクシーの運転手に聞くと、参詣者もほとんどが霊場めぐりの人たちだという。

鶴林寺と比べると、聖徳太子の面影は格段に少なくなっていた。

**参考文献**


赤坂憲雄「日本像の転換を求めて」『日本を問いなおす』(「いくつもの日本1」) 岩波書店、二〇〇二年
中沢新一『精霊の王』講談社、二〇〇三年
沖浦和光『陰陽師の原像――民衆文化の辺界を歩く――』岩波書店、二〇〇四年
金達寿『日本の中の朝鮮文化9』講談社、一九八六年
吉井良尚・吉井良隆改訂『西宮神社史話』西宮神社社務所、二〇〇二年
千田稔『埋もれた港』小学館ライブラリー、二〇〇一年
谷川健一監修・播磨地名研究会編『古代播磨の地名は語る』神戸新聞総合出版センター、一九九八年
堀井順次『山村秘史』日本図書刊行会、一九八九年
加藤謙吉『秦氏とその民』白水社、一九九八年
大和岩雄『秦氏の研究』大和書房、一九九三年
前田憲二『渡来の祭り　渡来の芸能』岩波書店、二〇〇三年
前田速夫『白の民俗学へ』河出書房新社、二〇〇六年
水本正人『宿神思想と被差別部落』明石書店、一九九六年
五藤孝人「古代伊予国の鉱業史」『温古』復刊二十三号、二〇〇一年
上山明「奥播磨の製鉄史――たたらの解明――」私家版、一九九五年

二郎丸弘『わが母なる山　香春岳』ピーツー福岡、二〇〇六年
谷川健一『四天王寺の鷹』河出書房新社、二〇〇六年
※なお、本稿脱稿後に、川村湊『牛頭天王と蘇民将来伝説』（作品社、二〇〇七年）が刊行された。いろいろと示唆に富む論考であり、大いに刺激されたことを記しておきたい。

# 第二章　播磨・広峯神社の御師
## ――民衆信仰と渡来系文化をめぐって――

### はじめに

播磨の地、兵庫県姫路市の北方、広峰山《ひろみね》の中腹に鎮座する広峯神社は、近代以前の日本文化史を考えるうえで興味深い特徴をもっている。ここではそのいくつかを考察する。

まず広峯神社の沿革を簡単に紹介しよう。(1)主祭神は素戔嗚尊《すさのをのみこと》、五十猛命《いそたけるみこと》で、もとは広峯牛頭天王社《ごずてんのうしゃ》といわれた。創建は明らかでないが、社伝によれば、吉備真備《きびのまきび》が唐より帰国した後、神託を受けて天皇に奏上し、社殿を造営したという。広峯神社の名は『延喜式』には見えず、『日本三代実録』の貞観八（八六六）年七月十三日条に「播磨国無位速素戔嗚神、速風武雄神、並びに従五位下を授く」とあるのが、史料上の初見とされる。

平安時代には、御霊信仰と疫病神が盛んになるなかで、素戔嗚尊と習合した牛頭天王が祀られた。十世紀中頃に、それが京都の八坂《やさか》に勧請されて、祇園社《ぎおんしゃ》（八坂神社）となったとい

広峯神社

われる。

鎌倉時代には、牛頭天王垂迹《すいじゃく》と請願成就の霊地として尊崇を集めた。山上の神領に対して守護使入部停止の特権が認められた。社家筆頭の大別当職・広峰氏は鎌倉幕府の御家人となって、有力な武士団として、武器を取り、一族を率いて近隣各地を転戦していた。播磨には多数の名高い神社があるが、社家が幕府御家人となったのは、この広峯神社だけである。なお、広峰氏の初代恒寿は、歌人で有名な凡《おおし》河内《こうち》躬恒《みつね》の子である。

鎌倉時代末期の応長《おうちょう》元（一三一一）年には、伏見院の院宣により、広峯神社は祇園社に寄進され祇園社の末寺となり、以後は祇園社の支配をうけることになる。

中世を通じて広峯神社は、広く民衆の信仰を集めていたことが知られている。南北朝初期に成立した『峰相記《みねあいき》』(2)によれば、「自国他国歩を運びて崇敬する事、熊野の御嶽にもおとらず、万人道を争ひて参詣す」とあるほどに、広く篤く崇敬されていたのである。

近世になると、広峯神社は農業神としての性格を強めていくようになり、農業に関する神事が多く執り行なわれるようになった。また、近世以降、昭和初期まで、播州の人たちは、伊勢参りの前後には広峯神社に参詣したという。

現在では、かつての隆盛していた頃の面影はなくなってしまったものの、本殿、拝殿、宝《ほう》篋《きょう》印塔が国の重要文化財に指定されている。

ここで考察する広峯神社の興味深い特徴とは次の二点である。

第一は、あまり知られていないが、中世から近世にかけて、広峯神社が御師《おし》の組織をもっていたことである。後述するが、御師とは、熊野御師や伊勢御師に代表されるように、民衆の信仰を支える重要な組織であった。祈禱を行なうなどの宗教的な行為によって信仰の一翼を担ったのみならず、旅の情報から宿泊施設の確保、娯楽の提供など、前近代社会における旅行エージェントでもあり、さらには新たな情報をもたらすメディアとしても機能していたのである。

こうした御師の組織を広峯神社が持っていたということはどういうことなのか。

第二は、広峯神社と播磨の渡来系文化の関わりである。

広峯神社の歴史を研究してきた神栄赳郷によれば(3)、『広峯神社由緒調書』にある「社号の改称及び土地名称の沿革」には、次のような記述があるという。

「古代から中世まで、今の広峰山は新羅国山と呼ばれ、新羅国という名称は、広峰山を中心として四方に連なる峰一円と山麓までを含む広い地域に及んでいた。また広峰山と改称後も社名も新羅国明神と尊称されていた」

このことは、広峯神社と朝鮮半島や渡来人との関わりの強さと深さを連想させるものである。播磨一帯は渡来系文化の一大拠点である。播磨の渡来系文化は、製塩から米作、皮革、蹈鞴《たたら》、芸能などのさまざまな領域に及ぶ。

その地の中心的な位置に鎮座する広峯神社は、渡来系文化とどのような関わりを持つのであろうか。

前近代の日本文化に関して、以上の二つの点を、広峯神社を通じて考察してみよう。

## 一　御師と民間信仰

繰り返しになるが、広峯神社の文化史的意義は、まず御師の存在にある。その組織や機能を考えるにあたり、そもそも御師とは何かを見ておこう。『岩波日本史辞典』は次のように記している。

神社などに属した下級の社僧・神官。先達《せんだつ》と連絡を取りつつ各地の信者の参詣を現地で受入れ、解除《げじょ》（けがれの祓い清め）・礼拝・祈禱などの宗教的指導や宿泊の接待にあたった。熊野大社や伊勢神宮の御師が有名。熊野では十二世紀頃から活動がみられ、先達を通じて貴族や武士を檀那《だんな》として組織し信仰を広めた。伊勢では御師自ら檀那の組織化を図り、参詣者に各地の工芸品などを斡旋し、商業活動にも従事した。こうして近世には一大発展をみて、外宮・内宮あわせて七百家を越えたという。

御師について先駆的に詳細な研究をした堀一郎によれば、(4)十一世紀初めには、個人のために特定の御祈禱師の存在する特殊な師檀関係があり、『枕草子』や『源氏物語』にも、契約ある師が自分のために読経したり、師の坊に集まって休息する姿が描かれており、それが御師の萌芽である。やがて山から山へ、寺から寺への巡礼が流行する。そうなると道中の安全や祈禱の儀礼などに通じる験者が現われ、これが先達となり、先達を縁とする師檀関係も生じてきた。それが中世を通じて、地方的檀家群が御師、先達に付属する株となり、やがて財産として相続・売買・譲渡されるようになった。

ここで御師の代表格であった熊野と伊勢について、御師のありようを見ておこう。

巡礼道中の距離の長さ、道の険しさ、行法の複雑さにおいて際立つのが熊野である。(5)そのため御師、先達、檀那の関係が重要であった。平安時代末期に盛んになった朝廷や貴族の熊野参詣のときに、熊野で祈禱や宿泊の便を図ったのが熊野御師の起源とされ、鎌倉時代には武士階級、特に東国の武士社会に入り込んだ。室町時代には領主を通じて農民を檀那とするようになり、十四世紀末の応永年間には六、七十家に達したという。その活動範囲は、西南は四国・九州から琉球まで、東北は奥州北部に至るまで拡がっていった。

さらに熊野信仰の拡大に大きな働きをしたのは、御師や先達の妻である熊野比丘尼《びくに》である。熊野比丘尼とは、熊野三山に属し勧進を行なった女性宗教・芸能者のことである。もともとは修験者の祈禱の際、熊野三山の神霊を託宣することを主な業《なりわい》としていたが、芸能化が進み、熊野那智曼荼羅《まんだら》や熊野観心十界絵図と呼ばれる地獄絵を携えて絵解きをしたり、牛王宝印《ごおうほういん》を配札したりして勧進活動をするようになった。近世には歌舞を行なう芸能活動や売春もするようになり、歌比丘尼とも呼ばれるようになった。

前近代の社会は識字率も低く、民衆の知識の多くは口承によって得られていた。(6) そのような社会にあっては、外部の情報は視覚メディアによって伝わることが多かった。比丘尼たちが曼荼羅の絵図や地獄の恐怖を描いた絵図を見せ、その後に仏の功徳を説いて回れば、多くの民衆の心をつかむのはたやすいことであったに違いない。

また歌舞などの芸能や売春などをしていたことからも分かるように、口承だけではなく、いわば体を張ることによって、民衆の心理に直接踏み込んでいったことが分かる。そのように比丘尼たちは、あらゆる手段を用いて人々の心をつかんでいったのだった。

この熊野比丘尼の拠点のひとつが、今も和歌山県新宮市・神倉山《かみくらやま》の麓にある妙心寺である。ここは、普段は参詣者も少なくひっそりとしているが、二月六日に行なわれる、熊野の火祭りとして名高い「お燈祭り」の際には、白装束の「上り子」が神倉神社に登る前に礼拝していく。このことはおそらく、中世・熊野信仰の主体として修験道が盛んであった頃の名残として、比丘尼と修験者の関わりの深さを今に伝えているのだろう。

近世に入ると、熊野の御師は、熊野信仰の衰退や先達の定住などにより檀那の掌握が困難になり、急速に衰えた。

一方、伊勢の御師（伊勢では「おんし」と呼ぶ）は、近世になって大きく栄えた。(7) 伊勢の御師は、御祈禱師、あるいは御詔刀師が略されたもので、もともとは神職として純粋な布教者だった。中世ではもっぱら武家の参拝の世話をしていたが、近世以降、民衆の参拝が盛んになると、伊勢神宮との組織的な関係を断絶し、全国的に御師と檀那の関係を組織化し、江戸中期には六百から七百の御師がいて、檀那数は全国で四三九万戸、信者数にして一七六五万人に上ったという。

伊勢御師の収入源は主に次の三つであった。

一、年に一度「大神宮」と銘された神札を檀那に配布する。

二、音物《いんもつ》、いわゆる伊勢土産を売る。

三、参宮者に宿を提供する。

伊勢御師の家は荘厳にして雄大で、豪勢な食事や贅沢な衣服・夜具などで饗応した。さらには歌舞伎や色町への案内などの遊興も斡旋するなど、参宮者の旅を万端斡旋する「元祖旅行エージェント」となったのである。

中世、近世に生きた民衆にとって、信仰は生きる糧だったと言ってよい。過酷な生活を送る日々のなかで、心に安らぎを与えてくれるのは信仰であった。その救いを求める気持ちにはとても強いものがあったことだろう。そうした信仰心を利用しながら御師たちは、いわば民衆を組織化していったのである。

一方で、権力の側はこうした民衆の信仰心の結集を恐れた。政治的発言を厳しく禁じ、体制批判は許されなかった時代、権力を脅かす最大の力のひとつが民間信仰だった(8)。そのため歴代の権力者は厳しく信仰を統制した。信長の一向宗弾圧や秀吉のキリシタン狩り、江戸幕府の宗門改めから明治の大本教の弾圧など枚挙に暇がない。信仰によって恐れを知らなくなった民衆ほど権力にとって怖いものはなかった。それほどに、民衆にとって信仰が大きな存在であった時代なのである。それゆえに権力者たちにとっては、御師組織によって、民衆の信仰心が、ある一定のコントロール下にあることは望ましかったともいえよう。伊勢御師の隆盛の背景には、そうした事情もあったことと思われる。

また、現代のように娯楽が溢れていたり、人々が気ままに旅行できるわけではない。生まれた土地に縛られ、移動の自由がなかった時代、外部の空気をもたらしてくれる御師たちの存在は大きかった。各地を訪れている御師はいろいろな情報をもたらす。彼らの存在は外界の知識と情報をもたらすメディアとして機能していたのだ。その挙句に旅の誘いをしてくれて、専門業者として旅の手配をしてくれたのが御師だった。

もちろん御師だけでなく、在地社会にはいろいろな遊芸民や漂泊民が訪れてきた。彼ら彼女らもまた、民衆社会におけるメディアとなっていたことは疑いない。

## 二　広峯神社の御師

播州・広峯神社は、中世には多くの信者をかかえ賑わっていた。

後白河法皇の編纂した『梁塵秘抄』に、「関より西なる軍神、一品中山、安芸なる厳島、備中なる吉備津宮、播磨に広峰惣三所、淡路の石屋には住吉の宮」とあるように、西国の軍神のひとつにあげられている。

鎌倉時代中期、暦仁《りゃくにん》元（一二三八）年の守護代の「沙彌願西解状」には、牛頭天王垂迹の霊地として人々がいろいろな願いを込めて参詣した様子が描かれている。

南北朝初期に成立した『峰相記』には、次のような記述がある。

自国他国歩を運びて崇敬する事、熊野の御嶽にもおとらず、万人道を争ひて参詣す。

このように広峯神社は、鎌倉末期には、各地から熊野にも劣らないほどの信者を集め、多くの参詣者で賑わいを見せていたのである。

文安《ぶんあん》五（一四四八）年には丹波の僧が西国三十三霊場めぐりのついでに参詣した記録が残っており、文明《ぶんめい》三（一四七一）年には、亀泉集証、天隠龍沢という二人の名僧が、播磨を訪れた際に真っ先に参詣したという記録も残っている。

中世におけるこのような賑わいを広峯神社にもたらしたのが、御師たちである。前節でみたような御師の組織とその活躍が広峯神社にも存在し、それが神社の経済を支え、民衆の信仰を獲得した。広峯神社の御師も、御祈禱師として社参を代行したり、自宅を参詣の際の宿舎にしていたのである。

ここでは、広峯神社関連の古文書を読み込んだ神栄赳郷の研究に拠りつつ、広峯神社の御師の様子を見てみよう[9]。

中世には「広峰三十四坊」といわれ、広峯神社の御師は三十四人いた。坊とは御師の屋敷のことである。後に江戸時代以降は二十七人になる。御師は社家とも呼ばれた。御師には縄張りがあり、檀那とのあいだに特定の関係ができていくのは、熊野や伊勢と同様である。

広峯神社の御師が史料にはじめて出てくるのは、正応《しょうおう》二（一二八九）年の『祇園社記』続録第十である。その文書は、広峯神社の御師、僧快円と源有家が、一門の前で父母の所領

広峯神社の裏手に残る御師の館

跡を配分した記録で、それによれば、快円は父が生存中に広峯神社権別当職を譲られており、但馬、播磨、備後の檀那を譲られた。また源有家は播磨、但馬、丹波、因幡、美作の檀那を譲られたとある。

またその文書の後半に、以下のような記述があり、注目される。

又檀那饗応の事、別宿無しの裡は、面々本宅主たるべく、更にこれを厭うべからず、又山上別宿の時は、以前契約、公事用途これ懇くるべからず。

ここから、このとき既に広峰山の山上と山下に別々に宿舎があり、檀那を饗応していたことが分かる。

このような檀那株が相続されていた背景として、寺社の檀那株は、旅宿の営業権や祈禱、護符の販売権などの経済的な利権でもあったから、その得意先である檀那について、一種の株として一定の勢力範囲を縄張りとして確立していたことが挙げられる。[10]

では広峯神社の御師たちは、どのようにして信者である檀那を獲得していったのだろうか。広峯神社の社家のひとつである肥塚氏に残された文書「肥塚文書」[11]に次のような記録が残されている。

社家の林家が支配していた丹後の檀那を記述している「丹後・但馬両国檀那村付注文」の記事である。

又けいの村まつかはなのこふしゅ、せんたちハ与三殿

また「先達志水吉親檀那譲状」には、

丹後国賀佐郡岡田庄赤石村講中、芝殿・肥塚殿へ両所江雖付申、御百前御へい之時者、御祝言御営番可御沙汰状候也、重而御前成共、又者御へい成共、肥塚殿可為候、仍状如件、

先達　志水太夫吉親（花押）

天文十弐年十月十六日

広峯社　肥塚弥次右衛門殿

という記述が見られる。熊野のように、広峯神社にも、これらの文書にあるような先達がいて、檀那と御師のあいだに立って信仰の流布に一役買っていたことが推定される。

さらに先達の存在以上に広峯の場合に重要だった要素として、牛頭天王信仰を利用した御師の檀那獲得が挙げられる。(12)

中世には疫病の流行により、牛頭天王への信仰が広まっており、牛頭天王を祀る京の祇園社(八坂神社)が繁栄していた。

ところで広峯神社は、鎌倉時代には「祇園本社」を唱えていた。建保《けんぽう》四(一二一六)年の源実朝の御教書に「播磨国広峰社者、祇園本社云々」とあることや、貞応《じょうおう》二(一二二三)年の関東下知状に「停止祇園本社播磨国広峰社山上坂本守護使乱入事」とあることから分かる。この実朝の御教書や下知状の写し等をもって、御師たちは各地を回り、檀那を獲得していったと推察される。

「はじめに」で述べたように、応長元(一三一一)年から広峯神社は祇園社の支配下に入るが、それ以後、広峯神社の檀那層が厚くなっている。広峯神社と祇園社の関係がより明瞭になることで、かつて「祇園本社」であったことを唱え、いわば流行の祇園社の権威をも借りる形で、檀那を獲得したのである。

後で述べるが、播磨において牛頭信仰は独特の重みを持つ信仰であった。とすれば、当時、大きな権威を持っていた「祇園社の本社」という言葉に惹かれていった信者は多かったことだろう。

次に、肥塚文書によって、広峯神社の御師・檀那関係や地域的な拡がりを見ておく。

そのひとつ「播磨郡明石郡檀那村付注文」には、「おしたに一ゑん知行也」とあるように、御師と檀那村の師檀関係は、一円を知行するような私有関係とみなされた。この「一ゑん知行」の表現は肥塚文書の各処に見られる。

また御師たちは担当する村々を回るとき、泊まる宿は一定していて、旧家・名家が選ばれ、宿を提供することは、その家にとって誇りだったという。「但馬国檀那村付注文」には、御師が檀那巡りをしたときの宿が記載されているが、その家は土地土地の有力者であり、広峯神社信仰の中心になった人たちである。(13)

御師の活躍した地域的拡がりについては、肥塚文書に現われる地名から、十四世紀から十五世紀の中世においては、播磨、丹波、但馬、因幡、美作、備前、備中、備後に及ぶ広範な地域にわたっていたことが分かる。

近世に入ると、参詣者数が減少し、宿泊料が減ったため、御師は各地の檀那に対し御初穂料を要求するようになり、御師は従者二人を連れて神札を売り歩くようになった。明治以後は参詣者も少なくなり、御師は次々と廃業してしまった。

今では御師の家は社殿の後方に二軒、手前に一軒の三軒が残っているだけだが、その近辺には御師の家の跡である石垣が連なっており、往時の賑わいが偲ばれる。

## 三　播磨の渡来系文化と広峯神社

次いで播磨の渡来系文化と広峯神社の関係をさぐるにあたって、改めて広峯神社の起源を振り返ってみよう。「はじめに」に記したように、『広峯神社由緒調書』によれば、今の広峰山は、古代から新羅国山と呼ばれ、広峰山を中心に四方に連なる峰一円と山麓まで含む広い地域を新羅国と呼んでいたという。これは明らかに広峰山一帯が、渡来系の人々が居住した地域であることを示している。

また、神社創建が吉備真備によるという伝承が残されている。このことは歴史的事実ではないと思われるが、むしろ吉備真備との関係を信仰の拠り所のひとつとしているところに意味がある。

吉備真備は、奈良時代の公卿・学者で、吉備地方の下道《しもつみち》氏出身で、のち吉備に改氏した。二十一歳で入唐留学生となり渡唐し、儒学・律令・礼学・軍事などを学び、帰国後は橘諸兄《たちばなもろえ》に重用され、道鏡政権下では正二位右大臣の地位に進むなど、地方豪族出身としては破格の出世を遂げた人物である。

吉備真備は、その出自から渡来系と推定されるが、「陰陽道の祖」と崇められるほど、陰陽道との関わりが深い。沖浦和光が明らかにしているように、播磨は陰陽師の一大中心地であり、そして陰陽師は、まさに渡来系文化の代表であった。ここからもまず、広峯神社と渡来系文化の親和性が見てとれる。(14)

播磨と渡来系文化の関わりをさらに見てみよう。

和銅六(七一三)年の官命によって編纂された『播磨国風土記』には、多くの渡来集団や渡来系人物が登場し、関連する記事は約四十もあるという。編者とされる楽浪河内《さざなみのかわち》も渡来系二世である。

古代より播磨の沿岸部は製塩が盛んだった。また山岳地帯は古代の鉄の産地で、『播磨国風土記』によれば、宍禾《しさわ》郡と讃容《さよ》郡と揖保《いぼ》郡は山砂鉄を産していた。製塩も鉄も渡来系の文化である。また西隣の吉備国は、古代には渡来系の吉備氏が一大政治勢力を形成していた。前述した吉備真備もまさに、そうである。吉備氏は海上交通を掌握していたことから、早くから大陸から伝わった米作も盛んであったと考えられる。このように塩、鉄、米という、渡来系の古代の重要な技術が、この播磨・吉備地域にあったのである。

ここでもう一度、中世の『峰相記』に戻って、広峯神社の由緒をさぐってみる。前節で中世の賑わいぶりを紹介したが、その記述に続いて、参詣の僧が、「結縁のために是も一度詣でて候し、次に起立の根本を尋ね申し候しかども存知したる者も候はず」とあるように、誰も由緒を知らないので、麓に下り、禅寺に一泊してそこの老僧から由緒を聞くことにした、

とある。そこで老僧が答えたポイントは、次の三点である。(15)
一、奈良時代後期の天平五（七三三）年、吉備真備が広峯神社を創祀した。
二、祭神・素戔嗚尊を牛頭天王とし、蘇民将来《そみんしょうらい》の説話が付け加えられている。
三、京都・祇園社は播磨国の広峯神社から勧請した。
一と三については既に触れた。ここで重要なのは二の牛頭天王信仰や蘇民将来伝説との関係である。

蘇民将来とは、『備後国風土記』逸文に登場する説話の主人公のこと。武塔神《むとうしん》に宿を貸した蘇民将来の娘は茅《ち》の輪を着けることによって疫病を免れ、拒絶したその弟の巨旦将来は一族ことごとく滅ぼされたという。この説話が、「茅の輪くぐり」の神事や、「蘇民将来之子孫之門」等の守り札の由来とされる。

各地の神社で六月に夏越しの祓いの際に行なわれる「茅の輪くぐり」、正月に「蘇民将来之子孫之門」と書いた守り札を戸口に貼って疫病除けとするのは、いずれもこの説話に基づいている。

この蘇民・巨旦《こたん》兄弟にまつわる「茅の輪」由来譚は、中世後期にはかなり知られていて、陰陽道の極意を伝えるとされた『簠簋《ほき》内伝』にも採られている。そこでは、この宿を求めた武塔神は牛頭天王とされている。鋭い角があり頭に黄牛の面をいただいているが、その本性は毘盧遮那如来《びるしゃなにょらい》の化身だったという。牛頭天王が産んだ八王子は「大歳・大将軍・大陰・歳刑・歳破・歳殺・黄幡・豹尾」の神々となったと、この説話を締めくくる。これらの神々を祀った神社は、今日でもかつて陰陽師系の人たちが住んでいた地区に鎮座しているという。(16)

八坂神社として知られている祇園社の御霊会《ごりょうえ》は、わが国最大級の夏越し祭り「祇園祭」として有名だが、疫病を防ぐ神として祀られたのが牛頭天王であった。牛頭天王はインドの祇園精舎の守護神とされ、御霊信仰と習合して厄神と見なされるようになり、これを祀れば災厄《さいやく》を免れるとして広く信仰された。

この牛頭天王信仰は、大陸から朝鮮へ伝わった民間道教の流れに乗ってこの列島に入ってきたのだが、最初にそれを伝えたのは渡来人の「巫覡《ふげき》」だった。その一団は渡来系文化の一大拠点であった吉備・播磨地方に住み着いて、播州姫路の広峯神社に牛頭天王を祀ったのである。(17)

先に見たように、この牛頭天王信仰を招来したのは、唐で陰陽五行説を学んで帰ってきた吉備真備であったと伝えられている。その厄神としての霊験あらたかなことが都にも聞こえ、祇園社の祭神として勧請されたのであろう。

以上のことから、渡来系文化の栄えた地、播磨と広峯神社とのあいだには、文化的に通底するものがあったと考えられるのである。

# おわりに

広峯神社社務所発行の由緒記には、「牛頭天王総本社として自他共に認められ、皇室国家の庇護もなく唯、大衆の崇敬を得て維持されてきた」との記述がある。現在では多くの神社が、天皇や皇室との結びつきを強調するのが通例であるのに対し、広峯神社はあえて皇室との結びつきを否定している。これは極めて珍しいといえるが、その言葉を支えているのは、歴史的に民衆の支えによって信仰をつないできたことへの自負であろうか。さらに広峰山一帯が、かつて新羅国と呼ばれていたように、渡来系の一大拠点であったことも関係しているのだろうか。

今は地方の一神社となった感のある広峯神社も、中世には御師の活躍によって播磨、丹波、但馬、因幡、美作、備前、備中、備後に及ぶ広範な地域にわたり大きく栄えていたことを見てきた。熊野と匹敵するといわれるほどの勢威を持っていたといわれるように、中世の民間信仰において重要な位置を占める神社だったといえよう。

また播磨は陰陽師の一大拠点であった。陰陽師とは、古代には令制の陰陽寮で占筮《せんぜい》・相地《そうち》を掌った職員であったが、中世、近世では民間陰陽師が多く現われ、遍歴しながら暦を売ったり、卜占《ぼくせん》をしたり、簡単な医術などをした雑種賤民である。また遊芸民でもあり、季節ごとの門付けなどで生活していた。播磨の高室《たかむろ》には、そうした陰陽師の集住する村があり、江戸時代に上方の歌舞伎役者・高崎播磨に歌舞伎を習い、以後、村を挙げて歌舞伎をするようになり、「播州役者村」と言われるまでになったのである。(18)

広峯神社は、まさにこうした渡来系の文化が栄えた地に鎮座している。広峯神社と渡来系文化の関わりの考察はまだ始まったばかりである。

ところで奈良県の安堵《あんど》町飽波《あくなみ》にも広峯神社があり、牛頭天王が祀られている地区がある。ここは古くからの陰陽師の集落で、蘆屋道満の墓があるという伝承が残され、近年まで独特の祭りを行なっていたという。果たして播磨と何らかのつながりがあるのだろうか。

訪れてみるとひっそりとした小さな集落で、中心にこんもりとした小山があり、そこが広峯神社であった。そこの案内板には、牛頭天王信仰や播磨の広峯神社から勧請したことが書かれていた。

氏子の住人に聞いても、陰陽師としての村の由来は知らなかった。史料には大和の国の名は出てこないが、ここにも播州広峯神社の御師が訪れ、檀家としていたのだろうか。あるいは御師の住み着いた集落なのであろうか。わずか十二軒の氏子によって、ひっそりと祀られてきたその地に立ち、社会の底辺で生き続けてきた人々の信仰や芸能などの文化に思いを馳せると、歴史と民俗への想像力が改めて掻き立てられるのだった。

## 註

（1）谷川健一編『日本の神々　神社と聖地』第二巻「山陽・四国」白水社、一九八四年／『日本民俗大辞典』吉川弘文館、一九九九年／『岩波日本史辞典』岩波書店、一九九九年／『広峯神社由緒記』広峯神社社務所、などによる。

（2）「一三四八（貞和四、正平三）年播磨峰相山鶏足寺に参詣した僧と同寺の住僧との問答形式で展開される中世播磨国の地誌。著者未詳。民間信仰・伝承など、内容は多岐にわたるが、とくに鎌倉末以降の悪党蜂起の記述が注目される」（『岩波日本史辞典』岩波書店、一九九九年）

（3）神栄赳郷『播磨国広峯神社古文書の研究』自費出版、二〇〇〇年

（4）堀一郎『我が国民間信仰史の研究（二）宗教史編』東京創元社、一九五三年

（5）以下、熊野御師と熊野比丘尼については、堀一郎『前掲書』／豊島修「熊野の信仰」和田萃編『熊野権現』筑摩書房、一九八八年／西山克「聖地のイメージ――那智曼荼羅をテクストにして――」『熊野権現』筑摩書房、一九八八年／『日本民俗大辞典』吉川弘文館、一九九九年／『国史大辞典』吉川弘文館、一九七九年～一九九七年、などによる。

（6）宮地正人「明治維新の学び方――風説書・摺物（瓦版）・錦絵を中心として――」『全歴研研究紀要』第三七集、二〇〇一年

（7）以下、伊勢御師については、堀一郎『前掲書』／西垣晴次『お伊勢まいり』岩波書店、一九八三年／神崎宣武『江戸の旅文化』岩波書店、二〇〇四年／金森敦子『伊勢詣でと江戸の旅――道中日記に見る旅の値段――』文藝春秋、二〇〇四年／『日本民俗大辞典』吉川弘文館、一九九九年／『国史大辞

典』吉川弘文館、一九九七年〜一九九七年、などによる。
(8) 小澤浩『民衆宗教と国家神道』山川出版社、二〇〇四年
(9) 神栄赳郷『前掲書』
(10) 児玉洋一「中世に於ける寺社の檀那株売買——熊野御師の特殊研究——」『吉野・熊野信仰の研究』名著出版、一九七五年
(11) 肥塚文書は、広峯神社の社家のひとつ、肥塚氏に残された文書群。『兵庫県史』史料編、一九八七年、に所収。
(12) 神栄赳郷『前掲書』
(13) 同右
(14) 沖浦和光『陰陽師の原像——民衆文化の辺界を歩く——』岩波書店、二〇〇四年
(15) 神栄赳郷『前掲書』
(16) 沖浦和光『前掲書』
(17) 沖浦和光「播磨国と渡来系文化——芦屋道満伝説をめぐって——」『研究紀要第五輯』財団法人兵庫県人権啓発協会、二〇〇四年三月刊
(18) 沖浦和光『前掲書』

# 第三章　日本文化史における秦氏
## ――秦河勝と播磨・大避神社を中心に――

### はじめに

この数年、古典芸能がブームである。歌舞伎は二〇〇五年に中村勘三郎や市川海老蔵などの大名跡の襲名が相次いだ。落語人気が復活し、文楽にも多くの若いファンが詰め掛けている。能楽を鑑賞する人も増え、特に狂言は若手スターの誕生もあって大人気を博している。こうした現象は確かに日本の伝統文化のルネッサンスのような印象を与えるが、よくよく見直してみると、これら日本の芸能を支えてきた芸能民は、実は渡来系氏族の末裔なのである。

後に詳しく見ていくが、日本の芸能を担ってきたのは、代表的な渡来人である秦氏である。世阿弥の『風姿花伝《ふうしかでん》』や金春禅竹《こんぱるぜんちく》の『明宿集《めいしゅくしゅう》』によれば、秦氏の族長、秦河勝こそ能楽の祖である。最も「日本的」芸能といわれる能楽は、実は朝鮮半島由来の巫覡の芸能であり、それが日本の土俗的な、あるいは縄文的な精神性と融合して、集大成された芸能なのであった。

私は、「日本文化とは何か」を再考する重要な手がかりのひとつは、渡来系の文化をきちんと捉え直すことだと考えている。さらにその方法論として、繰り返しになるが、「ひとつの日本」として日本文化を捉えるのではなく、「いくつもの日本」として日本文化史を描き直すことが必要なのである。

この問題意識に基づいて、ここでは秦河勝という渡来人の事跡を、歴史と伝承のなかからたどり直してみよう。とりわけ播磨の大避《おおさけ》神社との関係や芸能と差別の問題にも焦点を当て、日本文化における秦氏の役割を考えることにしたい。

## 一　渡来人の代表格である秦氏

日本列島史上における代表的な渡来人・秦氏とは何か。第一章に書いたことを簡単に振りかえって、日本古代史における秦氏の役割をおさらいしておくことにしよう。

秦氏がはじめて渡来したのは、『日本書紀』『新撰姓氏録』などによれば、応神朝に、百済から弓月君《ゆづきのきみ》が多くの人夫とともに渡来したのが始まりとされる。その頃、朝鮮半島では、百済、新羅、高句麗に倭が入り乱れての戦乱が激化したところに加えて、旱魃や蝗害《こうがい》が相次いでいた。そのため多数の人々が生活に窮し、戦乱や飢饉を逃れて日本列島に渡来・移住したことがその伝承の背景にある。

その秦氏の原郷は、朝鮮半島東南部の加羅である。四世紀の後半から五世紀にかけて、海を渡って大集団で渡来した加羅の人たちのことを、総称して秦氏といった。

北九州に渡来した秦氏集団は、まず豊前の国に、秦王国といわれる拠点を形成した。秦王国というのは、『隋書』倭国伝に出てくる名称である。煬帝《ようだい》が裴世清《はいせいせい》を倭に派遣した記述に「(九州上陸後)又、竹斯《ちくし》国に至り、東して秦王国に至る。……其の人華夏に同じ」とある。これは豊前のあたりに風俗の異なる朝鮮系の王国があったことを記している。

秦氏は、道教的要素を持つ独特の巫術《ふじゅつ》を駆使する集団でもあった。『新撰姓氏録』に、雄略天皇が病気になったときに、「筑紫の豊国の奇巫を召し上げたまひて」巫術を行なったことや、『日本書紀』に、用明天皇が病気になったときに、都の法師ではなく、わざわざ豊前の奇巫を呼んだという記述がある。このように、朝鮮系の巫術を用いる巫医・シャーマンとして、遠く大和にまで名を響かせていた。

また豊前には、香春神社、宇佐八幡宮など、秦氏の信仰の拠点がある。秦王国の中心にある香春岳からは、金、銀、銅、鉛、亜鉛、鉄、石炭が採掘された。鉱山の採掘や鍛冶は、秦氏のもたらした先進技術の代表的なものだった。そしてこの鉱山採掘は、秦氏の財力の源泉になっていた。

古代社会においては、シャーマン＝鍛冶師でもあった。そのいずれも、ある状態が変容していくイメージにつながるものである。

秦氏の代表的な技能として養蚕・機織りはよく知られているが、これもメタモルフォーゼである。蚕は、幼虫→繭→蛾と三度生まれ変わる。この死と再生のイメージは、秦氏の信仰とも深く結びついていた。したがって養蚕・機織りは、秦氏に富をもたらす技能でもあったが、虫を祀る信仰との結びつきも深かった。

さらに秦王国には、六世紀半ばとされる仏教公伝以前から仏教が入り、後に唐に渡り日本仏教の改革者となった最澄、空海も秦氏と密接な関係があったのである。

もうひとつ、秦王国では白山信仰が盛んであったことを指摘しておきたい。豊前では、英彦山を中心に山岳信仰が盛んであるが、これは朝鮮の太白山・小白山の信仰に基づくもので、遠く北アジアのツングースにもつながっていくものである。話は少し飛躍するが、今でも白山信仰は、被差別部落に多く残っているが、これも秦氏の末裔を自任する芸能系の部落民の信仰によるのだろうか。

ここでは、秦王国が、まさに日本のなかの朝鮮人の国ともいうべき様相を呈していたことを確認しておきたい。

豊前に秦王国という拠点をつくった秦氏は、そこから海伝いに伊予、備後、播磨、山城、河内、大和などへと拡がっていった。そして各地において、養蚕、機織り、治水、土木、鉱山開発、精錬、製塩、皮鞣《なめ》しなどのさまざまな先進技術によって開発を進めると同時に豊かにもなっていった。その結果、官僚として国の中枢へ入り込む者も多く現われた。後で論じる秦河勝はその代表であろう。

ところで本章の目的は秦氏と「日本文化」の関連である。したがって政治的なことにはあまり触れない。代わって是非とも論じておかなければならないのが芸能との関係である。最初にも少し触れたが、秦氏こそ日本の芸能史においてその大動脈とも言うべき役割を担ってきたのである。

能楽や歌舞伎の役者たち、宮中に伝わる雅楽寮の楽師は秦氏であったし、広く民間の芸能を担ってきた陰陽師たちもまた秦氏の末裔であった。言うなれば片や宮中の芸能から片や被差別部落の門付け芸に至るまで、秦氏を抜きにしては日本の民俗芸能文化は語れない。そういう意味では、大動脈どころか、末梢の毛細血管に至るまで、日本文化の伝統に、渡来人の秦氏が深く関与しているのである。

## 二　歴史のなかの秦河勝

秦氏は豊前から山城国葛野《かどの》、今の洛西・太秦《うずまさ》周辺へと本拠を移し、開拓・農耕、養蚕・機織りを軸に栄え、周辺地域にも勢力を伸ばしていった。松尾神社、伏見稲荷をはじめとする多くの社寺を創建し、また蛇塚などの太秦界隈に点在する古墳から、その財力もうかがうことができる。

正史のうえでは、応神朝における弓月君の渡来以後、大化の改新以前に現われる秦氏の人物としては、雄略朝の秦造酒公《はたのさけのきみ》、欽明朝の秦大津父《はたのおおつち》、そして聖徳太子の時代の秦河勝である。この列島の古代文化が大きな転換点を迎えた時代に活躍した秦河勝とはどのような人物だったのか。まずは『岩波日本史辞典』を見てみよう。

生没年未詳。六世紀末~七世紀半ばの山背国葛野の人。聖徳太子の側近。葛野秦造河勝・川勝秦公とも。山背国の深草地域、葛野地域に居住する秦氏の族長的地位(太秦)にあり、その軍事力や経済力を背景に活躍。秦氏の氏寺として蜂岡寺(広隆寺)を造営。

ここにあるように、秦河勝は聖徳太子の側近であった。その信頼を得る契機となったのが、物部守屋との戦いにおける武勲であった。九世紀に成立した聖徳太子の伝記である『上宮聖徳太子伝補闕記《ほけつき》』には次のような記述がある。

用明天皇《ようめい》二(五八七)年、物部守屋大連《もりやおおむらじ》は蘇我馬子《そがのうまこ》と仏法の興隆をめぐって対立し、叛逆の軍を興した。蘇我馬子は聖徳太子にも参戦を勧めた。両者は東西に分かれて戦った。物部守屋は榎木に登って聖徳太子軍と戦ったが、とても強力であった。太子率いる官軍には矢にあたる者が多く、太子も殿に退き、士気が衰えていた。そこに軍政・秦河勝が軍を率いて太子の援護にまわった。すると太子は謀を立てた。秦河勝に、白膠木《ぬうで》を採り、それで四天王像を彫らせ、峰に掲げて立つように命じた。太子は自ら戦士を率いて賊に迫った。賊は太子が近づくと、誓いを立てて物部府都大神の矢を放つと、太子の鐙に当たった。太子も誓いを立てて四天王の矢を放つと、賊首大連の胸に当たり、木から倒れおちた。軍勢が入り乱れる中、河勝は進み出て、守屋の首を斬った。後に新たに位を制するときに、河勝を大仁に叙した。

史料により、叙任の位階や年に違いはあるようだが、いずれにせよ、物部守屋討伐の功により、聖徳太子側近の地位を得たのである。その後の河勝に関する記事を『日本書紀』から拾うと、次のようになる。

・推古十一（六〇三）年、聖徳太子から尊い仏像を拝受し、蜂岡寺（広隆寺）を創建した。

・推古十八年、新羅、任那の使いの来朝に際し、接待役となった。

・推古三十一年、新羅と任那が来朝し、仏像と金塔、舎利等を貢じた。その仏像を葛野の秦寺（広隆寺）に安置した。

・皇極《こうぎょく》三（六四四）年、東国の富士川の辺りに、大生部多《おほふべのおほ》という者がいて、蚕に似た虫を常世の神と称し、これを祀ると富と長寿が与えられると、人々を扇動した。人々は虫を清《しき》座《ゐ》に安置し祀り、歌い踊り、財産を捨てた。そこで秦河勝は、人々を惑わすとして大生部多を討った。巫覡たちは恐れて祭りをやめ、人々は河勝を歌で賞賛した。

以上が正史から明らかになる秦河勝である。ここから浮かぶ秦河勝の姿は、聖徳太子側近の有力渡来人として、外交で重役を果たし、また内政では巫覡の騒乱を鎮めた。おそらく有能な官僚だったのだろう。とりわけ興味深いのは、最後の皇極三年の事跡である。富士川近辺は秦氏の居住地であった。大生部多という名も秦氏の一族である。秦氏として巫覡の才を持っていた大生部多に対し、討伐に向かったということである。国家官僚として、また秦氏の長者として、権力を行使したのだろう。

しかし、その後の秦河勝の消息は正史からはうかがえない。またその子や孫といった人物も登場しない。守屋討伐の際に、親子三騎で駆けつけたと書く史料もあるが定かではない。突如として、歴史上から消えたとしか思えないのである。いったい河勝の身に何が起こったのであろうか。

実は、秦河勝の晩年は決して安泰ではなかったのである。秦河勝の晩年に何があったのか。次には、史実を超えて、伝承のなかから見えてくる秦河勝の姿を追ってみよう。

## 三　能楽の祖としての秦河勝

時代は一気に飛ぶが、世阿弥は自らを秦元清《はたもときよ》と名乗り、秦氏の後裔であることを自任していた。その理由は、大和猿楽の芸能者たちが伝承している秦河勝伝説によるのである。世阿弥は『風姿花伝』のなかで次のように述べている。

欽明天皇の代に、大和の泊瀬河《はっせ》が洪水となったときに、河上より壺が流れ来て、中に玉のようなみどり子が入っていた。直ちに内裏に奏聞された。その夜、天皇の夢に現われたみどり子は、自分は秦の始皇帝の再誕である、と告げたので、殿上に召された。才能があり、十五歳で大臣になり、秦姓を下された。これが秦河勝である。

聖徳太子は、天下が少し乱れたとき、六十六番の物まねを河勝に命じ、六十六番の面を作り与えた。内裏で演じられ、天下は治まった。この神楽の神の偏をとり、旁だけを残したが、それは日暦が申《さる》だったからで、以後申楽と名づけられた。この時の神楽は翁舞《おきなまい》であった。

河勝はこの芸を子孫に伝えようと、摂津の国難波の浦からうつぼ舟に乗って風に任せて西海に出たところ、播磨の坂越《さこし》の浦についた。浦人が舟を上げてみると人間の姿に変わり、諸人に憑き祟り、奇瑞をなしたので、神と崇めて国が豊かになった。大荒《おおさけ》大明神と名づけた。聖徳太子が守屋を平らげたときも河勝の神通によったのである。

大和の泊瀬川流域は今の奈良県田原本町界隈であり、この一帯こそ、秦氏の芸能民の拠点である。この地の芸能民に、秦河勝を神格化する伝承が伝えられていたのである。

さらに興味深いのは、金春禅竹が書いた『明宿集』の記述である。禅竹は世阿弥の女婿となり、大和猿楽四座のうち最も歴史の古い円満井《えんまい》座を率い、秦河勝を遠祖と称している。その根拠が述べられているのである。『明宿集』は、禅竹が一座の後進のために、猿楽で最も重要な精神的価値をもつ「翁《おきな》」の本質を明らかにすべく著した一種の内部文書であるが、沖浦和光によれば、卑賤視された集団が持つ由緒書の祖型としても読めるという。

『明宿集』では、まず「翁」の本質をめぐるさまざまな考察をし、『風姿花伝』と同様の秦河勝の伝承を紹介している。

泊瀬川の洪水とともに壺に乗った子どもが流れ来て「始皇帝の生まれ変わり」と名乗るところから聖徳太子との縁の由来、六十六番の猿楽を演じたのが、簡略化されて式三番になったこと、まさに秦河勝が翁であることは疑いないと述べていく。そして晩年は子孫に猿楽の技を伝えた後、うつぼ舟に乗って西海に出て、播磨の尺師（坂越）に漂着、たちまち荒ぶる神となった。その後、坂越の浦に祀られ、山里の諸処に勧請された。辺りの人たちは猿楽の宮とも宿神とも呼んでいる、と述べる。

両書のエピソードがよく似た内容であるのは、世阿弥からたびたび聞かされていたことだったからであろう。しかし、『明宿集』には、さらに興味深い記述がある。それは次のようなものだ。

秦河勝には三人の子があった。一人には武を伝え、一人には伶を伝え、もう一人には猿楽を伝えた。武芸を伝えた子孫は、いまの大和の長谷川党の人々である。伶人の技芸を伝えた子孫は、河内の四天王寺の伶人である。これは聖徳太子が唐の舞楽を演じさせたものである。わが国における仏法最初の寺である四天王寺において、一二〇調の舞を舞いはじめた人々である。そして、猿楽を伝えた子孫が、我々円満井座の金春太夫である。秦氏安から数えて、いまにいたるまで四十数代に及んでいる。

前節では、秦河勝の子孫は不明と書いたが、それは正史のうえのことであって、芸能民の伝承のなかにはしっかりと河勝の末裔は生きていたのである。

さて三人の子のうち、まず武士となった子の末裔、長谷川党は、金春座のあった結崎《ゆうざき》界隈を本拠とした、中世の有力な武士団である。猿楽の行なわれる春日若宮の祭礼にも重要な役目を担い、世阿弥の有力な援助者であったと想定される。もう一人の子の末裔は四天王寺の楽人となった。この四天王寺の楽人は、吉田兼好が『徒然草』で「何事も辺土は賤しくかたくななれども天王寺の舞楽のみ都に恥じず」と誉めるほど典雅なものであったが、一方で「散所楽人」と呼ばれ、厳しい差別も受けた楽人たちであった。そしてもう一人の子の末裔こそ円満井座の猿楽師であるとして、平安の頃の秦氏の傑物、秦氏安《はたのうじやす》から四十数代に及んでいる、と記している。

このように、能楽を中心に大和の職人集団には、秦河勝の伝承が深く息づいていた。この三者に共通する特質として、中沢新一は次のように書いている。

猿楽といい、雅楽といい、武士といい、まぎれもない「職人」の技である。猿楽は空間の技芸である。「シャグジ空間」という特別な時空の構造を、身体の動きでもって表現する技芸を、円満井座＝金春座の人々は家業として受け継いだ。これに対して、雅楽は時間意識の流れを扱う技芸にほかならない。それは目に見えない領域に人々の意識を誘い込んで、時間の感覚を変容させる技術をあらわしている。そして、武士は「殺人」の技術をもって、力の空間を制覇していこうという人々である。この技芸は、一面では賤しめられながらも、権力の獲得にはなくてはならない技術として、そのうち政治空間の質まで変えていってしまうだろう。（『精霊の王』）

この「シャグジ空間」とは、宿神という芸能の精霊の跋扈《ばっこ》する空間のことで、まさに猿楽を演じて作り上げる空間のことである。中沢の言うように、秦河勝の末裔たちには、時空間を変容させる技能を持つという、極めて中世的な「職人」としての連繫があったのである。

ここでさらに秦河勝の晩年について考えてみたい。正史のうえでは、富士川の大生部多を討った後は現われないが、伝承のなかでは、摂津の難波からうつぼ舟に乗って西海に繰り出し、播磨の坂越《さこし》の浦に漂着し、そこで荒ぶる神となって恐れられた後、神として祀られ、霊験あらたかであったという。

この伝承の背景にある史実は何か。まずは大和政権内部での権力闘争である。聖徳太子と秦河勝の活躍によって物部氏を倒し、蘇我馬子《うまこ》・蝦夷《えみし》父子とともに政権を確立したものの、聖徳太子が没すると、今度は蘇我氏の専横が激しくなった。そして皇極二（六四三）年には、山背大兄王《やましろのおおえのおう》ら上宮《じょうぐう》王家も、蘇我入鹿《いるか》によって一族ともに滅亡に追いやられるに至る。そうなると聖徳太子の寵臣であった秦河勝の身も決して安泰であったはずはない。当然、身に危害の及ぶことは察しえたであろう。晩年を迎えて安住の地を求めて大和を脱したとしても不思議はない。

そしてその脱出行のたどり着いた先が播州・坂越の浦であったのである。ではなぜ秦河勝は播磨を目指したのだろうか。

## 四　坂越の大避神社と播磨の秦氏

秦河勝が漂着したという播磨赤穂の坂越に鎮座する大避《おおさけ》神社を、二〇〇五年の晩秋に訪ねた。宮司の生浪島堯《いなみじまたかし》氏に、まず境内を案内していただき、次いで沖合いに浮かぶ生島《いきしま》に渡った。

瀬戸内海を見渡すようにして境内は建っている。鎌倉時代には、大避神社の別当神主祝師職であったという秦河勝末裔の寺田氏が、水軍の長として坂越の浦を本拠にして海運を握っていたというように、まさに絶好の展望である。

また、宮中雅楽の楽家からは、今も参詣に訪れるという。境内には、岡家と東儀家が奉納した絵馬が飾られていた。秦河勝の末裔という家筋と、河勝の終焉の地であるという伝承が結びついているのだろう。楽家のみならず、さまざまな秦氏の子孫たちが参詣に訪れるということであった。

生島は、祭りのとき以外は渡ることを禁じられているが、生浪島氏のご厚意によって漁船で渡らせていただいた。船に乗ること、ほんの数分で着く。島内の草木の伐採は神罰があるというので禁じられてきたために、今でも天然の森が残っている。その原生林を掻き分けるように小さな道がついており、そこを五分ほど登ると土盛りが現われた。それが秦河勝の墓といわれる墳墓であった。墳墓の先は断崖となって海に落ちていく。最後に船で生島の周囲を一周していただいた。すると秦河勝が上陸の際に飛び移った岩だといわれる「飛び付きの鼻」が突き出していた。

この播磨の地は、秦氏をはじめとする渡来人の一大拠点である。とりわけ赤穂郡一帯には秦氏が多く集住した。史料によれば、延暦《えんりゃく》十二（七九三）年の「播磨国坂越神戸両郷解」

大避神社

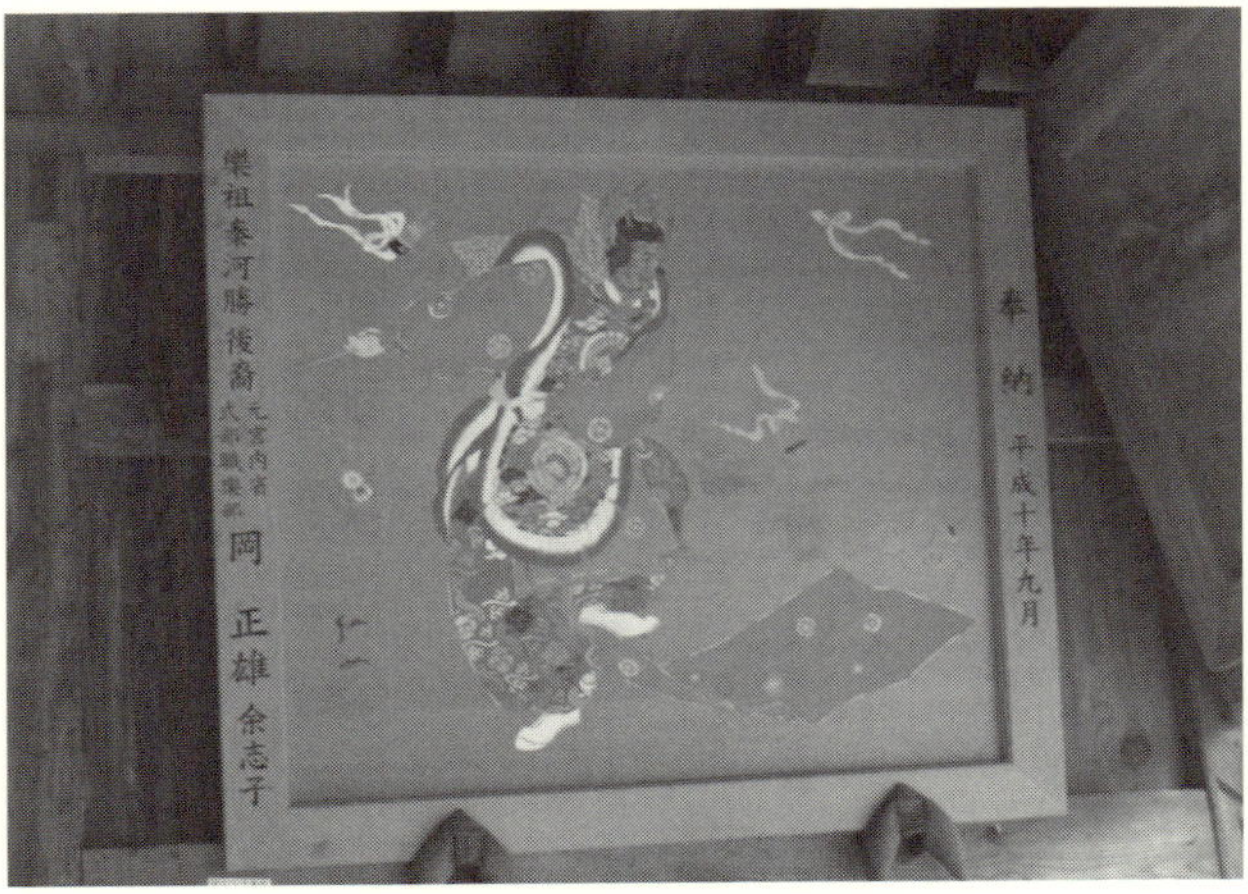


大避神社の岡家が奉納した絵馬

には、天平勝宝五《てんぴょうしょうほう》（七五三）年に、秦大炬という人物が堤を造ったという記事がある。また貞観六《じょうがん》（八六四）年には、秦造内麿が外従五位下に叙されたという記録がある。

また赤穂郡内で最高の山である三濃山の山頂にある求福寺の観音堂を建立したのは秦造内麿である。

そしてその山の麓にも秦河勝伝承がある。道端に犬塚があり、三本卒塔婆と呼ばれている。これは河勝が狩りをしていたところ、犬がうるさいので首を斬ったら、その犬の首が毒蛇に噛み付いたという。毒蛇の存在を教えてくれた犬を供養するために卒塔婆を立てたという伝説である。

それればかりではない。大避神社という名の神社が、赤穂近辺には多数、遍在しているのである。かつて、大避神すなわち秦河勝を祀る神社は、赤穂郡や隣の佐用郡に三十四社を数えたという。明治初年に整理統合されたために、現在では二十社程度になっている。その分布を見ると、坂越から千種川に沿って建立されており、秦氏が千種川に沿って勢力を伸ばしていった様子が見て取れる。おそらく秦氏の末裔たちは、新たに入植した土地で自分たちの祖先神・河勝公を祀る神社を勧請していったのだろう。

前に述べたように播磨の渡来人の信仰の拠点は赤穂郡ばかりではない。姫路市の北方には広峯神社がある。この神社は、吉備真備の創建とされ、牛頭天王を祀り、平安前期に京都の祇園社の本社と称した。牛頭天王信仰は、播磨の陰陽師＝巫覡たちによって広められたの

生島

飛び付きの鼻

秦河勝の墓といわれる墳墓

れていた。

である。そして広峰山一帯は、かつて新羅国と呼ば

さらに後で詳しく述べるが、この姫路や龍野は、今でも日本を代表する皮鞣《なめ》しの盛んな地である。この鞣し技術も渡来人の技術である。朝鮮半島から伝わった皮革技術は、越前を経由し出雲の古志に伝わり、そこから但馬の円山川に、そしてよりよい気候・水質を求めて南下し、姫路の市川に定着したという伝承もある。また沿岸部は古代より製塩が盛んだった。さらに山岳地帯は古代の鉄の産地で、『播磨国風土記』によれば、宍禾郡と讃容郡と揖保郡は山砂鉄を産していた。製塩も鉄も渡来系の文化である。

そして何よりも、播磨一帯には、新羅の王の子で渡来人の祖といわれる天日槍《あめのひぼこ》伝説にまつわる伝承の地が、たくさん存在しているのである。

このように、播磨の地は渡来人である秦氏にとって極めて親和性のあった地といえる。もちろん、秦河勝の事跡より後代のことが多いわけだが、おそらく河勝が難を逃れて山城の太秦から播磨を目指したのも、すでに秦氏の民が多く住んでいたからだろう。豊前の秦王国から畿内に進出してくる過程で、瀬戸内航路の要衝でもあった播磨の地に秦氏の拠点があったとしても何ら不思議はないからだ。

こう見てくると、正史のうえでは秦河勝の晩年は明らかではないが、伝承によってその晩年を想像してみると、政争に明け暮れ、迫害の恐れのある都を逃れ、先進的な技術を持つ秦氏の原郷のひとつである播磨へと帰っていったのだろう。そして一族・子孫によって播磨の開拓はいっそう進み、それとともに始祖・河勝は神として秦氏の守り神として祀られていったと考えられる。

なお秦河勝を祀る神社にもうひとつ、京都・太秦の広隆寺の境内社・大酒神社がある。ここも秦氏の信仰が篤く、芸能者の参拝が盛んで、祭礼などでも大避神社と類似点が多いが、現在では大避神社とは直接の交流はないという生浪島氏の話であった。

## 五　芸能と差別を考える

ふたたび大和の秦氏の拠点、泊瀬川近辺に目を向けると、ここは中世には散所と呼ばれていた。散所とは、本所に対して領主の支配権の及ばない所を指したが、非人、乞食、ハンセ

奈良県川西町の糸井神社

ン病者をはじめ、陰陽師や芸能をする声聞師《しょうもんじ》などの雑種賤民が住み着き、卑賤視された地区だった。世阿弥や禅竹が活躍した地は、この散所の真っ只中である。今でも猿楽発祥の地といわれる糸井神社近辺には、多くの被差別部落が存在している。先に触れたように、秦河勝の末裔を自任する四天王寺楽人も、「散所楽人」といわれ差別されていた。

被差別部落には、独特の由緒書が残されていることが多い。それらは河原巻物と呼ばれ、荒唐無稽なものが多いが、被差別身分の権益の根拠を示し、差別の不当性を訴えている文書だ。そこにはさまざまな職業が書かれていて、例えば長吏《ちょうり》、陰陽師《おんみょうじ》、箕作《みづく》り、鉢叩《はちたた》き、あるき巫女《ふじょ》、猿曳《さるひき》……と、前近代における非農業民の職掌のオンパレードの観がある。そしてそのなかに猿楽もあげられている。能の原型である猿楽もまた、賤視される芸能であったのである。そうした人たちが住んでいた集落が、夙《しゅく》（宿とも書く）と呼ばれていた。

播磨には、民間陰陽師たちが担ってきた播州歌舞伎があるが、その役者たちも差別されてきたし、そもそも歌舞伎役者は河原乞食といわれ賤視されてきた。また西宮を拠点にする傀《く》儡《ぐつ》もそうだ。そのほか日本各地に遍在する芸能のほとんどは賤視の対象だった。

このように、芸能民が差別の対象であったことは知られているが、それはなぜなのだろうか。最後にこの問題を考えておきたい。もちろん、古代から現代に至るまでの長い歴史があるので、一概に捉えることは難しい。

差別の要因のひとつとして沖浦和光が強調しているのが、芸能民が渡来人の末裔であることだ。すでに見てきたように、芸能に携わる民は秦氏を中心にした渡来系の氏族だったからである。そのことは、定住し稲作・農耕を中心にしている先住の者には、風俗・文化などで違和感があったのかもしれない。

もうひとつ紹介するのは中沢新一の神話論的な考察である。中沢によれば、差別における聖と賤の根源は次のように説明される。

芸能者と職人は、……「宿神＝翁的身体」を仲立ちにして、王権と密接に結びあうことができた……。宿神は自然の内奥からほとばしる源泉の力に触れているために、一面では「聖性」をおびた神だったと言えるけれども、他の一面では、……秩序の維持にとっては危険な過剰をはらんでいることによって、「賤性」に染まっているとも考えられた。この両義性こそが、差別の源泉である。（『精霊の王』）

芸能というものが、観客の精神状態を演劇的に変化させ、既成の秩序感覚を崩壊させるものだと考えれば、それを演じる者に、強い魅力と同時に畏怖の念を持つことも十分にあり得ることである。ましてそれが王権の秘密に結びつくのであれば。

能や歌舞伎をはじめ、いわゆる日本文化の粋といわれる芸能の歴史が、理不尽な差別の歴史とともにあった背景のひとつは、この心性であろう。

## おわりに

これまで、「日本文化史における秦氏」というテーマを、秦河勝と芸能を軸に考察してきた。渡来系最大の氏族である秦氏は、芸能のみならず信仰やさまざまの先進技術を、この列島にもたらした。そういう意味では、日本文化に影響を「与えた」というよりも、秦氏を中心とする渡来系氏族が日本文化の基層を形成してきたといえよう。

だが「日本文化」は、渡来系の文化ばかりではない。当然、縄文以来の先住民の文化がある。そうした縄文の文化と渡来の文化が融合して形成されてきたのが「日本文化」といわれるものだ。日本各地に残る民俗芸能も、そうした精神史的な腑分けをしてみる必要があるだ

霜月祭り

ろう。

二〇〇五年の十二月、南信州の山奥にある遠山郷の霜月祭りを観た。夜を徹して行なわれる神楽は、観ているだけで興奮してくる。伊勢神楽の流れで修験者が伝えたといわれる祭りだ。だが、そうした神楽を受容し、継承してきた土壌は、より深い精神性に結びついたものではないだろうか。なにより遠山郷に隣接する諏訪盆地には、古くからの諏訪信仰が息づいている。

あるいは宮沢賢治が愛した岩手の民俗芸能である原体剣舞《はらたいけんばい》や鹿《しし》踊りも、その成立は中世から近世といわれるが、深い悲しみを感じさせる剣舞や地の底からのエネルギーを感じさせる踊りには、どうしてもヤマトに征服される以前の蝦夷《えみし》の精神を感じてしまうのである。

そうしたものは列島各地に数多あるだろう。冒頭に述べた「いくつもの日本」という視座から

「日本文化」を捉え直していくこと、文化の古層を掘り起こし、現在につなげること、それがわれわれに課せられている。日本文化とは本来、さまざまな文化の混交状態である。古代以来の渡来系文化だけではない。近世の南蛮文化、明治の西洋文化、戦後のアメリカ文化、そして今や世界を覆いつつあるグローバルな情報文化、そうしたさまざまの波がこの列島に到来してきた。そのなかで、常に新たな文化的伝統が構築されているのだ。伝統という名のナショナリズムに固執するだけでは展望はない。

**参考文献**

大和岩雄『秦氏の研究』大和書房、一九九三年
今井啓一『秦河勝』綜芸社、一九六八年
沖浦和光『陰陽師の原像——民衆文化の辺界を歩く——』岩波書店、二〇〇四年
中沢新一『精霊の王』講談社、二〇〇三年
佐伯有清『新撰姓氏録の研究・考証篇第一〜第五』吉川弘文館、一九八二年
赤坂憲雄「日本像の転換を求めて」『日本を問いなおす』(「いくつもの日本1」)岩波書店、二〇〇二年
服部幸雄「宿神論」『文学』岩波書店、一九七四年十月、一九七五年一月、二月
谷川健一監修・播磨地名研究会編『古代播磨の地名は語る』神戸新聞総合出版センター、一九九八年

# 第四章　日本の皮革地帯
## ――姫路・龍野と木下川を中心に――

### はじめに

本書の狙いは、播磨の渡来系文化を通じて日本文化の深層をさぐることにある。そのために必要な方法論は、繰り返しになるが、「いくつもの日本」という視座から、この列島の文化を見直すことである。赤坂憲雄の視点[1]や、中沢新一の言う「縄文的な野生の思考」の再生、「新しい思想史」の構想が重要である。[2]

こうした問題意識に基づきつつ、日本の皮革文化を考察しよう。皮革は武具や工芸品として、歴史的に極めて重要な産物であった。にもかかわらず、皮への穢れ意識によって、皮革産業に従事する人々は、いわれなき差別を受けてきた。それはいったいなぜなのか。この差別を払拭するために、まずは日本の皮革文化の中心地を実際に歩き、実像を捉え、その歴史をたどることが必要である。

## 一　播磨の渡来系文化

姫路・龍野を含む播磨一帯が、古代の渡来系文化の一大中心地であったことは既に何度も述べてきた。新羅の王子とされる天日槍《あめのひぼこ》の渡来神話はその代表だ。(3)ここで播磨と渡来系文化の関わりを簡単に確認しておく。

和銅六（七一三）年の官命によって編纂された『播磨国風土記』には、多くの渡来集団や渡来系人物に関する記事が四十例ほどあるという。(4)一例をあげれば、現在の姫路市白国一帯は新羅訓《しらくに》と呼ばれていたが、その起源として、次のように記述している。

昔、新羅の国の人、来朝しける時、此の村に宿りき。故、新羅訓と号《なづ》く。(5)

これ以外にも、渡来人に関わる記述は随所に見られる。そもそも編者とされる楽浪河内《さざなみのかわち》も渡来系二世だった。

また播磨の山岳地帯は古代の鉄の産地だった。(6)『播磨国風土記』讃容《さよ》郡の条には、

鹿を放ちし山を鹿庭山と号《なづ》く。山の四面に十二の谷あり。皆、鉄を生す。難波の豊前

の朝廷に始めて進りき。見顕しし人は別部の犬、其の孫等奉発《たてまつ》り初めき。(7)

現在でも、宍粟市千種町《ちくさ》には「たたらの里学習館」がある。ここは天児屋《てんごや》鉄山の跡地であり、伝統的な蹈鞴《たたら》製鉄の様子が学べる。千種町一帯には蹈鞴《たたら》遺跡が散在しており、古代以来の製鉄の隆盛ぶりがうかがわれる。また備前の長船《おさふね》などの著名な刀匠も、ここの千種鉄を用いていたという。

さらに播磨の沿岸部は古代より製塩が盛んだった。ここでは紹介しないが、『播磨国風土記』には製塩関連の記事も頻出する。製塩も鉄も渡来系の文化である。また西隣の吉備国は、古代には渡来系の吉備氏が一大政治勢力を形成していた。唐の文化をもたらしたことで有名な吉備真備も、吉備氏の代表格である。吉備氏は海上交通を掌握していたことから、大陸から伝わった米作も早くから盛んであったと考えられる。このように塩、鉄、米という、古代の渡来系の重要な技術が播磨の周辺にはあった。

また中世から近世にかけては、播磨は民間陰陽師の一大中心地であった。古くは堀一郎、(8)最近では沖浦和光(9)の研究によってその実態がかなり明らかになっている。陰陽師とは、もともとは宮廷で陰陽道の式占《しきせん》・祭祀や祓いを行なう呪術宗教家の職種名であったが、中世以降では、民間にあって有史以来のシャーマニズムと渡来系の民間道教系の巫術に連なる遊行者のことを指すようになった。その代表が、安倍晴明に法術比べで敗れたとされる蘆屋道満で

兵庫県上三河の舞台（国重要文化財）

ある（一五三ページの写真参照）。

興味深いことに、中国山地の山並みがなだらかにつながる佐用町に、小さな谷を挟んで蘆屋道満と安倍晴明の塚が向かい立っている。一三四八年に成立した『峰相記』は、播磨峰相山鶏足寺に参詣した僧と同寺の住僧との問答形式で展開される中世播磨国の地誌であるが、それによれば、安倍晴明との法術比べに敗れ、播磨に流罪となった蘆屋道満の末流が、播磨一帯で活動したという。近辺に住む陰陽師たちが、両方の塚を祀ってきたのだろう。そして沖浦和光が明らかにしたように、彼ら陰陽師たちもまた渡来系の集団の末裔だった。

陰陽師たちは、さまざまな呪術を施すとともに、門付けなどの芸によっても身を支えていた。近世になると、その末裔たちは役者村を形成する。農村歌舞伎の役者として人気を博し、播磨一円のみならず全国に興行に回っていた。その雄が、柳田國男の生地・北条町で発祥した「高室芝居」である。農村歌舞伎は娯楽のなかった時代の人々にとって、何よりも楽しみとなっていた。今でも当時をしのばせる「上三河の舞台」が佐用郡南光町に残されているが、回り舞台のある立派な建造物である。

さらに赤穂には大避《おおさけ》神社がある。世阿弥の『風姿花伝』や禅竹の『明宿集』によると、秦氏の長・秦河勝が金春の先祖に猿楽を教えた後に、摂津から海に乗り出し、播磨の坂越《さこし》に漂着した。荒ぶる神として暴れた後に、宿神とあがめられ鎮められると、霊験あらたかな神となった。その秦河勝を祀っているのが大避神社である。ここも重要な渡来系文化の拠点である。(10)

神社といえば、先に触れた広峯神社もある。姫路市の北方、広峰山の中腹に鎮座する広峯神社は、主祭神は素戔嗚尊《すさのおのみこと》、五十猛命《いそたけるのみこと》で、もとは広峯牛頭天王社といわれた。社伝によれば、吉備真備が唐より帰国した後、神託を受けて天皇に奏上し、社殿を造営したという。平安時代には、御霊信仰と厄神が盛んになるなかで、素戔嗚尊と習合した牛頭天王が祀られた。十世紀中頃に、それが京都の八坂に勧請されて、祇園社（八坂神社）となったといわれる。

中世を通じて広峯神社は、広く民衆の信仰を集めていた。『峰相記』に「自国他国の人々が崇敬する事は、熊野にもおとらず、万人が道を争って参詣した」とあるほどである。広峯神社は、中世から近世にかけて御師の組織を持っていた。熊野や伊勢に代表されるように、民衆の信仰を支える重要な組織である。さらに重要なことは、広峯神社と播磨の渡来系文化の関わりである。吉備真備の創建伝説や、牛頭天王信仰・蘇民将来伝説など渡来系の巫覡と関わりの深い信仰の拠点である。さらに古代から中世まで、今の広峰山は新羅国《しらくに》山と呼ばれ、新羅国という名称は、広峰山を中心として四方に連なる峰一円と山麓までを含む広い地域に及んでいた。このように広峯神社と朝鮮半島からの渡来人との関わりの強さと深さを連想させる。[11]

このように播磨と渡来系文化の関わりの歴史は深いものがある。これらのことから、播磨がいかに渡来系の文化と濃厚な関係にあったかが分かる。そして播磨に花開いた皮鞣《なめ》しもまた渡来系の技術であった。

## 二　日本最大の皮革地帯、龍野と姫路

兵庫県は、現在でも全国の八割近い製革の生産量を占め、日本の製革業の中心である。[12] 皮革に従事している地区は、龍野市、姫路市に集中しているが、川西市にもある。いずれも近くに河川の清流があり、交通の便のよいところである。なお、兵庫県では主に牛皮を鞣しているのに対し、豚皮は、後述する東京都墨田区の木下川《きねがわ》地区が鞣しの中心である。ここには関西の牛、関東の豚という文化の違いが反映されている。

ここではまず、日本列島における皮革業の歴史を簡単にたどろう。[13] その際、渡来系文化と

不浄観を考察の軸にしたい。なお、同じ牛馬や豚の穢れを帯びるとされていた職業に屠畜業と皮革業があるが、屠畜業とは獣畜を処理し食肉を生産する産業で、皮革業とは獣畜の皮を剝ぎ、鞣して革にする産業である。

屠畜と食肉は縄文の時代から行なわれていた。皮の利用も行なわれていたとは想像されるが、遺跡から出土することはない。古墳時代の遺物として、大阪府狐塚古墳や三重県石山古墳などから革製の盾や甲の一部が出土している。奈良県藤ノ木古墳から出土した馬具に鹿革の細片が発見され、これが西暦七〇〇年頃だという。奈良時代の正倉院の宝物には、履《くつ》や武具、さまざまの革箱が納められている。

皮革の歴史において注目すべき史料がある。『日本書紀』仁賢《にんけん》天皇六年の条に、次のような記述がある。

> 是歳、日鷹吉士、高麗より還りて、工匠《てひと》須流枳《するぎ》・奴流枳《ぬるき》等を献る。今大倭国《やまとのくに》の山辺郡の額田邑の熟皮高麗《かはをしのこま》は、是其の後なり。(14)

これは五世紀末頃、朝鮮の高句麗から高度な技術を持つ工匠を招いたことを示している。「熟皮」とは皮を柔らかく熟した鞣し皮のことである。このことが日本の皮革技術史の大きな転機となった。なお仁賢天皇は、父の市辺押磐皇子《いちのべのおしはのみこ》が雄略天皇に殺された際、弟とともに

「粉河寺縁起絵巻」より

に逃れ、播磨の縮見屯倉《しじみのみやけ》に隠れ住んでいたという。仁賢天皇は播磨とのつながりが極めて強かったのである。

中世では、十二世紀後半の「粉河寺縁起絵巻」や十三世紀末の「天狗草紙」に、庭先に皮を干している様が描かれている。この頃屠畜に従事した者たちは「屠児」や「穢多童」と言われ、賤視されるようになっていた。皮革従事者については分からないが、多くは屠畜従事者と重なっていたから、賤視されていたと思われる。

皮革に対する賤視が明示されている史料として、[15] 一五五八年信濃国諏訪下宮の物忌《ものいみ》に関して「馬牛の倒れたるを取って、捨てたものは当日の穢れ、皮を剝いだものは五日の穢れたるべし」という記述がある。

また宣教師ルイス・フロイスの『日本史』

に「穢多というのは、インドのマラバールのボレアと同様に、日本で最も賤しい、仲間外れにされた賤民どもで、その職は死んだ獣類の皮を剥いでその皮を売ることである。彼等はまるでほかの人たちと交際するに価しない不浄な人たちのように、いつでも村落から離れて住んでいる」とある。

近世になると、死んだ牛馬の皮を剝ぎ鞣して革にする仕事は「かわた」身分の者が行なった。幕藩権力は、死んだ牛馬の取得権を与え、その権利を売却・譲渡することを禁じた。この権利を「旦那株」と言い、その範囲のことを「旦那場」と言った。このように既得権としての利益は保障されたが、身分と職業の固定化により、不浄視や差別もまた苛酷になっていったのである。(16)

明治維新とともに皮革業は大きく変わる。明治四(一八七一)年、「解放令」により身分的契機は取り去られたものの、「死牛馬勝手処理令」により経済的特権を失い、在方の小規模な皮革業者は困難に直面し、しかも差別は緩むことはなかった。一方で、近代的軍制の整備とともに軍靴・馬具等の皮革製品の需要が増した。また皮鞣しにも洋式技術が導入される。タンニンを使った鞣し法が普及し、それとともに皮革業者の規模も大きくなる。さらに第二次大戦後は、クロム薬品を使った技術がドイツから導入され、現在ではクロム鞣しが主流となっている。

話を播磨に戻そう。なぜ播磨にこれだけの皮革産業が成り立ったのだろうか。

まず何よりも皮鞣しに一番必要なのは清流である。その点、播磨は中国山地から流入する河川に恵まれている。兵庫県の皮革地帯を見ると、龍野には林田川、姫路には市川、川西には猪名川があり、その流域に鞣し業が集中している。

次いで重要なのが塩である。原皮の保存や皮鞣しの過程では大量の塩を必要とするからである。塩については、先に触れたように、瀬戸内は古くから渡来者たちの技術に基づく製塩が盛んであった。播磨と海を挟んだ向かいの小豆島では「かわや（かわた）」身分の者が塩田を経営していた。彼らが生産した塩が、播磨の「かわや」に運ばれたのではないか。沖浦和光は次のような推測をしている。

小豆島の「かわや」は、播州の皮革製造業者と何らかの結びつきがあったのではないか。あるいは小豆島から原皮と塩を供給していたのかもしれぬ。古い時代から、この列島でも皮革の有数の生産地であった播磨平野は、播磨灘を隔てて目と鼻の先にあった。

（中略）

このように小豆島と播磨国との地縁を考えてみると、小豆島に塩田を持つ有力な「かわや」が存在していても不思議ではない。おそらくその「かわや」が生産した塩は、播磨の「かわや」に運ばれたのだろう。そして、この小豆島の史料にみられる「かわや」という呼称も、播磨から伝わったのではないか。[17]

播磨に限らず、被差別部落のあいだでは、部落間に独自の交流を持つことが多い。まして播磨は被差別部落の人口が極めて多い。「かわや」が塩田を経営するという稀有な例だけに、もっと追究してみる必要がある。

そして皮革業を支える技術である。すでに見たように、播磨は渡来系文化の一大拠点であった。多くの渡来人が住み着き、最新の技術をもたらしてきた地である。

また瀬戸内は水運が発達している。原皮を持ち込むにも、出来上がった製品を輸送するにも、瀬戸内の水運は大きな威力となった。近世では、摂津の渡辺村（今の大阪市浪速区）が最大の皮革加工センターであったが、龍野・姫路の皮革業者にとって最大の取引先もまた渡辺村であった(18)。

二〇〇四年の秋、全国大学同和教育研究協議会のシンポジウムが龍野で開かれた。シンポジウムの終了後に、武庫川女子大学の上山勝氏に龍野・姫路の皮革地帯を案内していただいた。近年では中国・韓国など外国からの安価な皮革輸入により、いずれのタンナー（鞣し業者）も経営が苦しくなっていて、閉鎖された工場も多かった。現在では多くのタンナーが薬品を使うクロム鞣しを行なっているが、近年の環境への意識の高まりから、天然の植物を利用したタンニン鞣しも復活してきていた。そして水と塩と菜種油だけで行なう最も環境にやさしい鞣しが、次節で詳しく述べる姫路・高木の白鞣《しろなめ》しである。

ところで佐賀県の唐津にある被差別部落を訪れたときに聞いた話であるが、その部落でも

皮を干している龍野の鞣し工場

近世には皮鞣しを行なっていた。地理的な関係から、朝鮮半島から直接技術がもたらされたと思っていたところ、その地の鞣し技術も播磨からもたらされたものだという。そして製品は、はるばる摂津の渡辺村まで輸送し、骨は骨粉にして鹿児島に運んだとのことである。[19]

## 三　姫路・高木の白鞣し

姫路市高木地区は、播磨における皮革産業の拠点のひとつである。市川の清流のほとりに位置し、北方には広峯神社の鎮座する広峰山が聳えている。この地で、姫路の白鞣しとして古くから知られている技術を復活させようという動きが起きている。白鞣しとは水と塩と菜種油のみを使って行なわれる鞣しのことである。そうしてできた革は、ベージュに近い独特の白みを帯びた美しい乳白色で、柔らかな手

高木地区から広峰山を望む

触りで、ほのかな甘い香りをもっている。

姫路の白鞣しの歴史は古く、八世紀はじめに編纂された『播磨国風土記』の飾磨《しかま》郡小川の里の記述に「品太《ほんた》の天皇（応神《おうじん》天皇）が夢前《ゆめさき》丘に登りて、望み見たてまへば、北の方に白き色の物ありき」とあり、これが白く鞣した皮革だという説を『花田村史誌』が取り上げているという。さすがにこの説は無理がある。十世紀でも播磨の皮革は鹿皮が中心であったから、牛皮を使った白鞣しはそれ以後のことである[20]。

また、姫路の白鞣しは古くは古志靼《こしたん》と呼ばれたこともある。その理由として、朝鮮半島から伝わった皮革技術は、越前を経由し出雲の古志に伝わり、そこから但馬の円山川に、そしてよりよい気候・水質を求めて南下し、市川に定着したからだという。また一人の聖《ひじり》が訪れて伝えたとか、神功皇后が韓国から連れ帰った俘虜が伝えたなど多くの説がある[21]。

それらの説の真偽はともかく、古代に朝鮮半島か

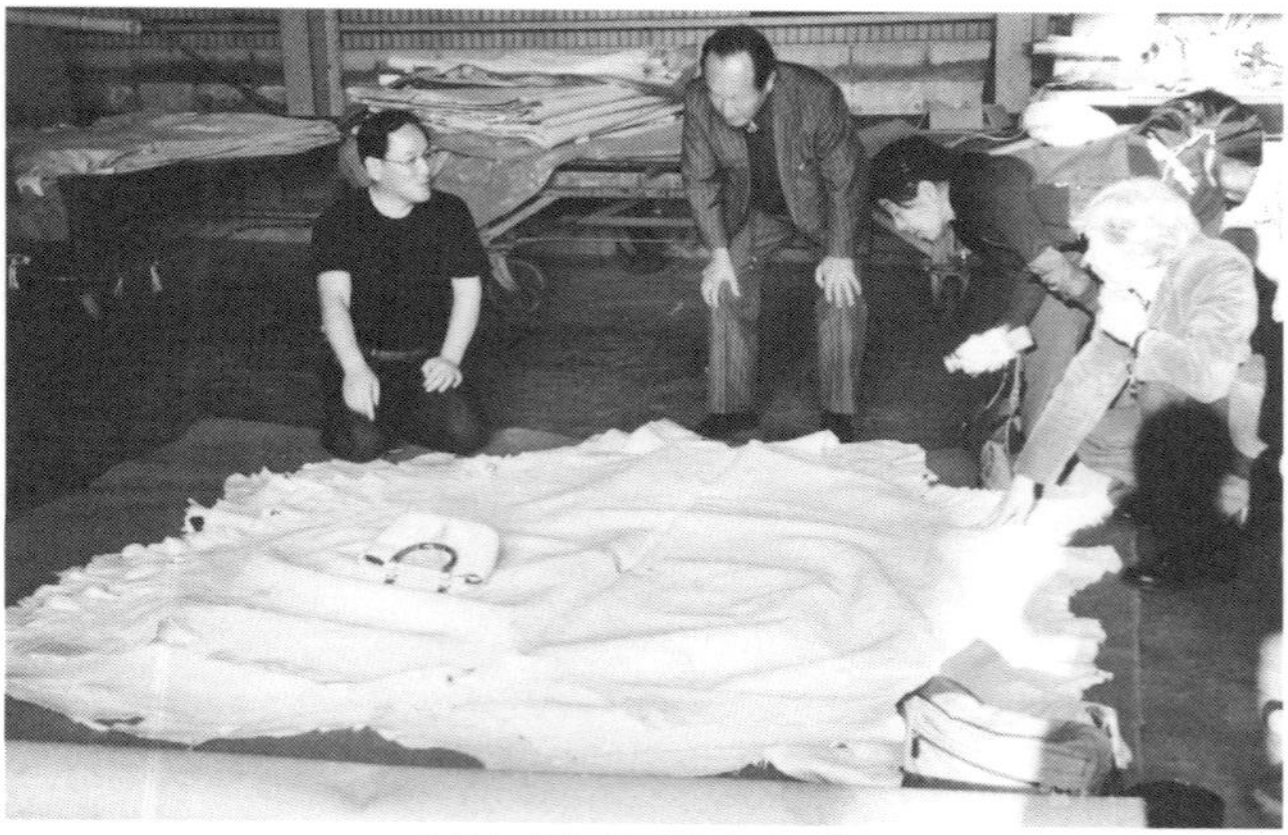

白鞣し革と新田眞大氏（左）

ら伝わった白鞣しが、姫路の高木地区で行なわれていたことは間違いない。播磨のなかでも、この姫路・高木近辺は渡来系文化の極めて濃厚な地である。広峯神社についてはすでに述べたが、その山麓一帯の地は、白国と呼ばれている。これは新羅に由来する地名であり、そこに白国神社がある。そもそも広峰山自体が古代には新羅国山と呼ばれていたのである。また南には、渡来系豪族の墳墓とも見られる宮山・壇場山がある。

中世以降になると、多くの記録に姫路の白鞣しが登場する。享徳《きょうとく》三（一四五四）年の鎌倉年中行事に「播磨皮の白き力革」という記述がある。さらに天正《てんしょう》九（一五八一）年に、豊臣秀吉が織田信長に播磨の領有を命じられたとき、秀吉は播磨の産物として「滑革二〇〇枚」を献じている。江戸時代には、美しく柔らかで強靭な白鞣し革は、武具、馬具から革硯箱、煙草入れ、料紙箱、財布、雪駄の鼻緒など多くの革細工を生み、参勤交代の土産物として重宝されたという。シーボルトやフィッセルも、姫路の革細工を特筆しているように、外国人の目にもとまるものであった。[22]

明治以降では、ズボン吊りの革部分や帯革に利用されたり、強度があるので機械ベルトに使われたという。変わったところでは、戦前は野球ボール用にアメリカに輸出されていた。今ではアメリカのボール革はホルマリン鞣しのために、ボールが滑って変化球に向かなくなったとのことだ。

こうしたすばらしい伝統を持つ姫路の白鞣しであるにもかかわらず、明治以降のタンニン鞣しやクロム鞣しなどの洋式技術の導入によって、すっかり廃れてしまい、戦後になると伝統の白鞣しを行なうタンナーは全くいなくなってしまっていた。この事態に危機感をもって、伝統の白鞣しの復活を試みたのが、新田善仁氏とその甥の新田眞大《まとも》氏である。

ここで簡単に白鞣しの技法を紹介しよう。原皮を数日から二週間、市川の清流に浸し、微生物の作用によって毛根をゆるめ脱毛する。これが「水あげ」という工程で、重労働であった。その後、「皮すき」、塩を加えて踏んでは干す「もみ返し」、菜種油を加えては干し、洗っては干す「油皮もみ」「干し合わせ」「川洗い」、さらに揉んで干して伸ばしてたたむ「しいらもみ」「こい合わせ」「色付け」「干し上げ」を経て革の半製品になる。それを一カ月以上寝かせてから、市川に浸し、さらに揉んで干してヘラをかけて伸ばし乾かし、揉んでヘラかけを繰り返す「塩出し」の作業。そして最後に丁寧に皺を伸ばす「本ぶみ」をし、天気を確かめてから芝草の上に広げて夜露をとる「しめし皮」をする。最後の仕事が「皮のし」で、皮を樫のくいに張りつけて乾かした後、折りたたむ。これで白鞣しの完成である。この間、三カ月以上を要し、根気を必要とする大変な重労働である。(23)

白鞣しの特長は、何と言っても、まず革そのものの質がよいことである。強度があり色合いがよく、風味もある。そして製法が天然の塩と菜種油しか用いないので環境によいこと、このことは現在の皮革産業に対する重大な問題提起であろう。クロム鞣しは環境への悪影響が問題とされ、植物を用いたタンニン鞣しが増えているが、それ以上にこの白鞣しは環境に優しい。単なる伝統技術の復活ということを超えた、二十一世紀に向けての積極的な意義のひとつがここにある。

## 四　関東の豚皮鞣し――墨田区木下川

播磨が牛皮の鞣しの中心であるのに対し、東京都墨田区の木下川《きねがわ》地区は豚皮鞣しの中心である。二〇〇五年の夏に現地を訪ねた。

木下川地区では全国の豚革の八〇パーセントが生産されており、墨田区の大きな地場産業となっている。ここでは鞣しの過程ごとに分業化が進んでいて、小さな工場が集まり、町全体がひとつの工場のようになっている。木下川を軸としたネットワークは関東一円に拡がっている。原皮の調達は、芝浦、草加、厚木といった関東近県の屠場のみならず、会津や名古屋からもしている。昔はロシアからも輸入したが、今では国産原皮だけを扱っている。

また皮革だけでなく、廃油回収リサイクルやラードやコラーゲンなどを精製する油脂産業も盛んである。しかし労働の厳しさと差別偏見による労働者不足で、現在では外国人労働者が皮革産業を支えている。このあたりの事情は、姫路や龍野と同じである。

こうした現在抱えている問題は後で触れることにして、まずは木下川地区の歴史を見ておこう。(24) 木下川で皮革業が行なわれるようになる前提として、この地における被差別部落との関わりを捉える必要がある。木下川は播磨と違って、皮鞣しの伝統が歴史的にあった地域ではなく、明治になってから強制移転によってつくられた皮革の部落なのである。

木下川地区に人々が住み始めたのがいつかは分からないが、史料上は、一三九八年の「下総国葛西御厨子注文」に「木毛河」という記述があり、木下川薬師には一四二六年の古文書があるという。江戸時代の「新編武蔵風土記稿」によれば木下川地区は農村で、土地柄は低湿地で葦の生い茂ったなかに農家と農地が散在していた。

史料上から皮革との関係が明らかになるのが、「木下川地区のあゆみ」に紹介されている、寛政十二（一八〇〇）年、浅草・弾左衛門が町奉行所に提出した「弾左衛門書上」である。引用しておこう。

一、二百三十二軒　浅草新町弾左衛門構内
外に猿飼十五軒
一、七百三十四軒　当地にある小屋分
内三百六十八軒　浅草小屋頭善七の手下
二百三十六軒　品川小屋頭松右衛門の手下
七十三軒　深川小屋頭善三郎の手下
五十軒　代々木村小屋頭久兵衛の手下
七軒　木下川村小屋頭久兵衛の手下
一、五千三百四十二軒　関八州・伊豆・駿河・甲斐・陸奥十二カ国の分
外に猿飼四十六軒十二カ国に居る分

この記録から、弾左衛門配下の非人頭の一人として、木下川に久兵衛が住み、その配下が七軒だったことが分かる。江戸の町の膨張にともない、河川や水路の見回り、清掃、芸能などの仕事と役割を主に担っていたと推定される。さらに、弾左衛門は、浅草新町に住み、江戸時代には、関東一円にわたる牛馬の皮革の販売権をおさえていた。その配下であったことから、木下川も皮革との関わりがあったと想定できるのである。

木下川が本格的に皮革の町になるのは明治になってからである。工場が悪臭を放つという

理由から、皮革業者の市外への強制移転が図られる。明治六（一八七三）年の東京府知事の通達で、市内の皮革業者が浅草に移転させられ、さらに明治二十五（一八九二）年には警視庁による「魚獣化製場取締規則」の布告によって、明治三十五（一九〇二）年までに市内の工場は市外へ移転することを余儀なくされた。浅草の皮革業者たちに、このとき移転先と指定され、新たに皮革産業地域として形成されたのが、木下川と荒川区三河島だった。木下川には、明治十年代後半から皮革工場がつくられていたが、本格的な皮革製造地帯としての歩みはここに始まったのである。以後、近代化や軍需によって皮革産業は好景気を迎えることになる。

木下川の皮革の歴史において、もうひとつ特筆すべきことがある。浅草から木下川へと皮革業が移っていくなかで、その産業を支えたのが滋賀県からの移住者たちである。滋賀県でも、愛知川《えちがわ》町の山川原と米原町甲田という二つの地域との結びつきが強い。両地区とも江戸時代から知られている皮革業の行なわれていた地域である。古くから彦根藩は食肉・皮革関連の産業が盛んで、江戸時代には将軍への献上物が近江牛の味噌漬であったことはよく知られている。

その滋賀県から最初にやってきたのは明治五（一八七二）年のことで、山川原から来た人たちが浅草新谷町に居を構えたという。その後、家族や親戚の伝手《つて》をたどって山川原、甲田の人々が次々と訪れ、新谷町に住み着き、皮革業に従事していった。木下川に移転してから

塩漬けされた原皮を積んでいる木下川の豚皮鞣し工場

後も、滋賀県から多くの職人が住み着いた。付言すれば、木下川や三河島の皮革工場には、かなり早い段階から中国人・朝鮮人の外国人労働者がいたという。

こうして関東最大の皮革産業地になった木下川は、戦時統制、戦後復興を経て、高度経済成長とともに大発展した。現地で聞いた話では、当時、職人たちの羽振りはよく、最新型の外国車を乗り回したり、派手に遊び暮らした人も多かった。(25)

しかし合成皮革の誕生や、慢性的円高不況、労働者不足、安価な外国製品の輸入などによって、今の木下川は苦境に立たされている。先述したように、木下川は町全体がひとつの工場のようになっているので、ひとつの倒産が連鎖的に影響するという。さらに厳しい差別によって木下川を離れる人が相次いでいる。地域で待望され、一九三六年に開設された木下川小学校は、生徒の急減によって二〇〇三年に廃校になってしまった。

いかにして差別をはね返し地域の活力を取り戻すか、そのために「すみだ皮革まつり」などの取り組みがなされている。

## 五　日本文化史の書き換えに向けて

これまで、渡来系文化の遺産である播磨の姫路・龍野や、非人地区を基盤に成立してきた墨田区木下川という二つの皮革地帯の歴史と現在を見てきた。いずれの地も、厳しい差別の現実に直面しつつも、日本文化史上、欠くことのできない重要な位置を占めている皮革を担ってきたのである。その意味でも、本稿の冒頭に述べた多様な日本文化の諸相を捉え直し、今はまだそこかしこに露見しているものの、消え去りつつある人々の営みを考えるには欠かせぬところである。

しかし、もう一歩踏み込んで考えるならば、そこに横たわっているのは皮への穢れ意識である。そもそも皮革業に従事する人たちが厳しい差別に直面せざるを得なかったのは、差別する側の皮に対する穢れ意識があったからである。最後にもう一度、皮の穢れについて触れておこう。

そもそも「穢れ」とは何か。(26)

民俗学では、ハレ・ケ・ケガレの三極循環論によって説明されている。それは、日常のケの世界を支える「気」が離れて枯れている状態が「気枯れ・気離れ」で、それを賦活させるためにハレの儀式がある。その「けがれ」が不浄とされ、触穢観念と結びつき、神事などの参加へのタブーとなっていった。

日本の各地では、特に農村や都市において死穢、産穢、血穢の三不浄の観念に加えて、殺生との関連で、肉、皮などに従事する者には穢れがあるとされてきた。汚いとか臭いという物理的な嫌悪感を超えて、精神的な嫌悪感を持っていたのである。さらに穢れは伝染するといわれ、それが排除になり差別になってきた。

中沢新一の鋭い見解によれば、芸能民や職人は、縄文以来、この列島にあまねく存在していた古層の神々の世界との深いつながりを持つゆえに、常民から畏怖されると同時に差別と排除を受けたという。(27)

穢れという概念は、律令や仏教などとともに、大陸から渡ってきた概念である。(28) 渡来の観念が、渡来の技術者を差別する基礎を作ったというのも皮肉である。差別する側にあった漠然とした嫌悪感は、権力によって増幅・強化され支配の道具となった。近代以後のさまざまな解放運動や教育によって、差別の理不尽なことは知られるようになってきたが、いまだに差別意識を払拭するには至っていない。

## 註

（1）赤坂憲雄「日本像の転換を求めて」『日本を問いなおす』（「いくつもの日本1」）岩波書店、二〇〇二年

（2）以下、中沢の引用は、中沢新一『精霊の王』講談社、二〇〇三年。

（3）「古事記では天之日矛。新羅の王の子で、日本に渡来したことが、日本書紀では垂仁三年条に、古事記では景行段に載る。タジマモリ、神功皇后の母の祖にあたり、その系譜伝承は、神功皇后と新羅との関係の深さと、天皇の天下が朝鮮までを含む所以を示す意味をもつ」（『岩波日本史辞典』岩波書店、一九九九年）

（4）沖浦和光「播磨国と渡来系文化——芦屋道満伝説をめぐって——」『研究紀要第五輯』財団法人兵庫県人権啓発協会、二〇〇四年三月刊

（5）「播磨国風土記」日本古典文学大系二『風土記』、岩波書店

（6）上山明「奥播磨の製鉄史——たたらの解明——」私家版、一九九五年

（7）「播磨国風土記」日本古典文学大系二『風土記』、岩波書店

（8）堀一郎『我が国民間信仰史の研究（二）宗教史編』東京創元社、一九五三年

（9）沖浦和光『陰陽師の原像——民衆文化の辺界を歩く——』岩波書店、二〇〇四年

（10）川上隆志「日本文化史における秦氏——秦河勝と播磨・大避神社を中心に——」『現代の理論』二〇〇六年四月

(11) 川上隆志「播磨・広峯神社の御師――民衆信仰と渡来系文化をめぐって――」『文学研究』第九十三号、二〇〇五年四月

(12) 上山勝は日本タンナーズ（全国皮革技術者協会）の資料をもとに、一九九八年度の生産量を紹介している（上山勝「姫路白鞣し革の歴史」『兵庫県人権啓発協会研究紀要』第一集、二〇〇〇年）。これによれば、全国のうち兵庫県の占める割合は七六・八パーセントで、二〇〇四年に龍野で聞いたところでは、現在でも変わりはないとのことである。

(13) 皮革の歴史については、小林行雄『古代の技術』塙書房、一九六二年／寺木伸明「屠畜と皮革」『さまざまな生業』岩波書店、二〇〇二年／武本力『日本の皮革』東洋経済新報社、一九六九年／「荒川部落史」調査会編『荒川の部落史――まち・くらし・しごと――』現代企画室、一九九九年／木下川沿革史研究会「木下川地区のあゆみ」『明日を拓く2・3』東京部落解放研究会、などによる。

(14) 『日本書紀』上、日本古典文学大系六十七、岩波書店、一九六七年

(15) 寺木伸明「前掲論文」

(16) 寺木伸明「前掲論文」

(17) 沖浦和光『瀬戸内の被差別部落――その歴史・文化・民俗――』解放出版社、二〇〇三年

(18) 杉之原寿一他『地場産業の展開と地域社会の総合的研究――播州皮革産業を中心として――』昭和六十年度科学研究費補助金研究成果報告書、一九八六年／寺木伸明「前掲論文」

(19) 佐賀県部落解放研究所・中村久子氏にうかがった。

(20) 小田猛『古代播磨と生産技術』学習研究会教文社、一九八七年

(21) 小田猛『古代の技術と播磨考』培養社、一九八〇年

(22) 上山勝「前掲論文」

(23) 上山勝「前掲論文」、および新田眞大氏のご教示による。

(24) 木下川地区の歴史については、木下川沿革史研究会「前掲論文」／木下川沿革史研究会編『木下川地区のあゆみ・戦後編』現代企画室、二〇〇五年／「荒川部落史」調査会編『前掲書』、などによる。

(25) 木下川の職人たちの生活については、北川京子「木下川に生きる――日本一の皮革産業の町から――」『別冊東北学』7、作品社、二〇〇四年／関野吉晴「木下川・職人たちの軌跡――東京都墨田「皮革の町」を生きる職人たちの現在――」『別冊東北学』7、作品社、二〇〇四年、がある。

(26) 穢れについては、沖浦和光・宮田登『ケガレ――差別思想の深層――』解放出版社、一九九九年／『部落問題・人権事典』部落解放・人権研究所、二〇〇一年／『日本民俗大辞典』吉川弘文館、一九九九年、などによる。

(27) 中沢新一『前掲書』

(28) 沖浦和光・宮田登『前掲書』

# あとがき

二〇年以上、編集者として、また大学の仕事で各地を歩いてきた。おもなところをあげれば、北東北、九州内陸、四国や中国地方の山里、紀州熊野に、佐渡島、北陸能登である。いずれも東京から見れば辺界の地で、霞ヶ関官僚や大手町の大企業の関心を引くことはない。経済的な疲弊は深刻で、若者は都会に出て、商店街はシャッター通りと化し、かろうじて郊外型ショッピングセンターが賑わう。地域としての自信を喪失し、東京志向が強い。それらの地は、かつては豊かな伝統文化が存在し、重要な歴史を持つ地域だった。だがそのことは語り継がれないまま記憶の彼方に去り、いつしか忘れられようとしている。とりわけ「まつろわぬ民」といわれた先住民系の文化は、歴史から抹殺されても当然と考えられてきた。

今こそ、日本列島の歴史・文化の書き換えが必要なのである。隠蔽されてきた歴史、排除されてきた文化を掘り起こすこと、辺界からの見直しが必要なのだ。

真実は常に少数の側にある。支配者の側に立った歴史記述からは消されてきたさまざまの文化の痕跡をさぐりあて、日本社会の隅々に埋もれている営みの価値を発見し、その文化的な評価をきちんとしてゆくこと。そのことによって、この列島の新たな文化史がダイナミックに書き著されてゆく。地域を生き生きと立ち上らせ、沖縄や東北、熊野という、まつろわぬと言われた者たちに光を当て、さらに海を媒介にしてアジアにも開かれた「日本」の文化史を描く。その橋頭堡として、この一書が役立つことを願っている。

この本の成り立ちについて書いておく。沖浦氏と川上は、著者と編集者として、多くの書を刊行してきた。その過程で現地のフィールドワークをともにし、さまざまの被差別部落を訪れ、古老の話に耳を傾け、苦しかった生活の実態や過酷な差別の現実を見聞してきた。その取材では、沖浦氏は、深く同情しいたわりつつも、かならず最後は部落の人たちを励まし、部落に生まれたことに誇りを持つよう説いていた。それは、部落に生まれ育った人でなければ持ち得ない伝承文化を、絶やさぬように継承してゆくことのすばらしさを伝えることでもあった。するとそれまでは、部落に生まれて何の良いこともなく、何とか部落の生活から逃れることばかり考えていた人たちが、自信を持って部落の場で生きていくことを決断する。その瞬間を経験することが、日本文化の辺界を歩くことの意義ともなっていた。

この数年間は、播磨の各地を丹念に歩き、その歴史と現在を見据えつつ、日本とは何か、日本文化とは何か、日本人とは何か、という問題を議論してきた。その延長上に本書はある。

本書の刊行までには多くの方にお世話になった。とりわけ播磨の地を案内していただいた武庫川女子大学の上山勝氏、姫路で白鞣しを実地に教えていただいた新田眞大氏、大避神社宮司の生浪島堯氏、現代書館の村井三夫氏と装丁の中山銀士氏にお礼を申し上げます。また沖浦夫人の恵子さん、川上代子、悠太、萌子、シーマの家族にも感謝します。

二〇〇八年一月十五日

川上隆志

## 初出一覧

Ⅰ　古代日本の「国家」と渡来人……沖浦和光執筆

第一章　東アジア文化圏と日本（『現代の理論』第七巻、明石書店、二〇〇六年四月）

第二章　「日本人の二重構造」論（書き下ろし）

第三章　渡来人と国家帰属意識（㈶兵庫県人権啓発協会『研究紀要第五輯』、二〇〇四年三月）

第四章　陰陽道・医薬道は渡来文化（書き下ろし）

第五章　古代氏族の家譜をめぐって（書き下ろし）

Ⅱ　いくつもの播磨へ……川上隆志執筆

第一章　秦氏・播磨への道（書き下ろし）

第二章　播磨・広峯神社の御師（『文学研究』第九十三号、本文学研究会、二〇〇五年四月）

第三章　日本文化史における秦氏（『現代の理論』第七巻、明石書店、二〇〇六年四月）

第四章　日本の皮革地帯（『専修国文』第七十九号、専修大学日本語日本文学会、二〇〇六年九月）

※いずれの論文も、単行本化に当たって大幅に手を加えている。

※川上執筆部分は平成十八年度専修大学研究助成「播磨の渡来系文化と被差別民」に拠る。

沖浦和光（おきうら　かずてる）
一九二七年大阪府生まれ。東京大学文学部文学科卒業。桃山学院大学名誉教授。比較文化論・社会思想史。国内外の辺境、都市、島嶼を歩き、日本文化の深層の研究・調査に専念。著書に『竹の民俗誌』『天皇の国・賤民の国』『日本民衆文化の原郷』『幻の漂泊の民・サンカ』『旅芸人のいた風景』ほか多数。

川上隆志（かわかみ　たかし）
一九六〇年川崎市生まれ。東京大学文学部東洋史学科卒業。岩波書店に入社し単行本、岩波新書の編集を手がけ、総合文化雑誌『へるめす』編集長等を歴任。現在、専修大学文学部教授。日本文化論・出版文化論。著書に『編集者』（千倉書房）がある。

渡来の民と日本文化
——歴史の古層から現代を見る——

二〇〇八年三月三十日　第一版第一刷発行

著　者　沖浦和光／川上隆志
発行者　菊地泰博
発行所　株式会社現代書館
東京都千代田区飯田橋三—二—五
郵便番号　102-0072
電　話　03（3221）1321
F A X　03（3262）5906
振　替　00120-3-83725

組　版　コムツー
印刷所　平河工業社（本文）
東光印刷所（カバー）
製本所　ブロケード
装　丁　中山銀士

校正協力／岩田純子
 ISBN978-4-7684-6954-5
定価はカバーに表示してあります。乱丁・落丁本はおとりかえいたします。
http://www.gendaishokan.co.jp/